华章IT
HZBOOKS | Information Technology

互联网+
模型构建

深度解读互联网+的8大核心技术

朱雷 杨欢 张世才 著

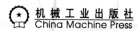

机械工业出版社
China Machine Press

图书在版编目（CIP）数据

互联网 + 模型构建：深度解读互联网 + 的 8 大核心技术 / 朱雷，杨欢，张世才著 .
—北京：机械工业出版社，2017.5

ISBN 978-7-111-56694-6

I. 互⋯ II. ①朱⋯ ②杨⋯ ③张⋯ III. 互联网络 – 应用 – 企业管理 – 研究
IV. F272.7

中国版本图书馆 CIP 数据核字（2017）第 090062 号

互联网 + 模型构建
深度解读互联网 + 的 8 大核心技术

出版发行：机械工业出版社（北京市西城区百万庄大街 22 号　邮政编码：100037）

责任编辑：何欣阳　　　　　　　　　　　　　责任校对：殷　虹

印　　刷：三河市宏图印务有限公司　　　　　版　次：2017 年 5 月第 1 版第 1 次印刷

开　　本：170mm×230mm　1/16　　　　　印　张：16.75

书　　号：ISBN 978-7-111-56694-6　　　　　定　价：59.00 元

为什么要写这本书

曾经听到这样的一句话："如果你恨一个人，让他们搞IT，因为在那里，每天的知识都是新的！如果你爱一个人，让他们搞IT，因为在那里，每天都能接触到新知识！"

步入IT圈子，总有一种跟不上节奏的感觉，这是因为IT发展的速度太快，几乎每天都会有新的概念、新的知识出现，对于酷爱追新的"工科男"来说，这里就是天堂！云计算、大数据、物联网、移动互联等技术不断涌现，并以极快的速度推演、落地。

IT技术男蜂拥而至，但是真正让技术衍生出价值的事件却鲜有发生。不禁要问，如此多的技术为何难以"变现"？答案或许只有一个——"技术脱离产业"。

然而，在产业端，一些行业或企业过得并不舒心，甚至在为自己的未来冥思苦想，我们看到了短短几十年里，消失的行业不断增多……

电灯出现，煤油灯消失了！

打火机出现，火柴消失了！

计算器出现，算盘消失了！

CD 出现，磁带消失了！

手机出现，BP 机消失了！

数码相机出现，胶卷就没市场了！

电子商务出现，传统生意萎缩了！

智能手机、4G 出现，回家不上电脑了！

微信出现，短信没人发了！

……

如此事件，不绝于耳。

我们听到了越来越多企业的抱怨，"这是企业生存最困难的时刻！""现在是行业的严冬""这是我们企业诞生以来亏损最严重的一年！"……面对企业利润率的宽幅波动，决策者会通过增加管理强度、优化人员配置、提高周转率、锁定远期利润的理财收益，抑或是增加投资来重新盘活企业。

然，俱往矣，经济增长的"三驾马车"（投资、消费、出口）已经严重透支了未来的利润点，犹如一位年迈的老人，继续依靠它来保持高速增长，显然不切合实际。

于是，传统企业不断向所有行业"发声"，我们需要援助。

一方面是拥有超级天赋的技术精英，他们身怀绝技，却难以施展；另一方面是面临困境的企业，它们渴望改变现有局面，开拓更多的市场，以此来撬动传统商业模式。

两者的强强联合势必会造就新的局面。但是如何让信息技术渗透到传统行业？怎样平衡技术与产业的关系？哪些模式可以破除信息不对称的局限？这是需要认真思考的。

市场需要"创新能力为驱动"的下一代生态产业来助力，需要跨界融合，需要彻头彻尾地变革传统行业。云计算、大数据等技术可以带动一些产业，但这远远不够，未来产业 / 行业 / 企业需要更多的技术和工具来改善生存环境，延续生命周期。

"互联网＋"构建了一个庞大的跨界体系，在这个框架下，大数据、云计算、移动互联、物联网、虚拟现实、3D 打印、工业 4.0 的力量被充分激发，并逐渐渗透到传统行业中，一些企业已经受益颇深，还有些企业则在继续观望。

然而，市场一直在变，它不会给任何人过多的考虑时间，你不主动改变，终究会被世界改变！如果不想被市场淘汰，延长企业的生存空间和时间，那么是时候做出一些变革了。希望此书，能给准备应用或者已经应用"互联网"的朋友一些帮助和启迪。

读者对象

本书从技术层面介绍了"互联网＋"及其核心技术，同时又在应用和实践环节给出了大量的场景指导。

书中章节的编排，脱离了教科书般生涩的概念讲解，取而代之的是应用大量的案例来验证技术在行业／企业间的落地，本书面对的读者团体主要是：

- ❑ 传统行业的决策层及管理者
- ❑ 企业信息团队管理人员
- ❑ 数据中心的 IT 运维人员
- ❑ "互联网＋"相关技术的爱好者
- ❑ 创客团体
- ❑ 计划使用及正在使用"互联网＋"的公司或组织
- ❑ 开设相关课程的大专院校

如何阅读本书

"互联网＋"如何攀升到国家战略的高度？为什么是"互联网＋"？互联网＋"什么"？互联网怎么"＋"？对于这些问题，第 1 章给出了答案，这里既会介绍大家知晓的"互联网＋"的跨界融合、去中心化、重构碎片能力，还会介绍一些"互联网＋"非普遍认知的隐性能力。

第2章，介绍了"互联网＋"最可靠的挚友——大数据，它通过破坏式创新和精准定位来洞悉事件，在"互联网＋"的框架下，大数据的大掌控、大智慧、大预测、大方向在不同的领域加速了传统行业的转型。

第3章，讲解了"互联网＋"依托的云计算平台，以及它引领的 IaaS、PaaS、SaaS，以及衍生的 BaaS、BPaaS、EDaaS、TaaS 等多样的云计算架构和云生态系统，其通过不断降低传统行业的进入门槛，快速推进大量行业的跨越融合。

第4章，是和我们密切相关的移动互联，当 PC 端操作转战到"指尖"上，新的办公、生活受到了前所未有的冲击，当然风险也随之而来。透过"互联网＋"，如何在移动互联领域持续生存，如何塑造展厅现象，如何营造大道至简的移动未来，在这里可以寻找到答案。

第5章，将进入一个智慧的世界，包容万物且联结一切的物联网将融入到更多的领域，更多的"智慧"在落地，更加无控的自然智能设计将成为主流，"互联网＋物联网"将创造智能的社会和新型的生态系统。

第6章，远离物理的环境，这里是一个"水中月，镜中花"的虚拟世界，VR 技术已经成为当前社会的一个主流。但是在这里，不仅仅是 VR，更具观赏性和应用性的 AR、MR、CR 也将陆续出现。本章融合了"互联网＋"的虚拟现实如何落地，如何实现跨界融合，这是很多创客更感兴趣的内容。

第7章，是技术向实体行业延伸的最佳实践，3D 打印技术创造的奇迹越来越多，在"互联网＋"的背景下，个性化井喷的局面被打开，以往难以想象的局面被纷纷破解，我们的生产、生活格局将彻底被改变。

第8章，将开启工业的新征程，工业 4.0 的步伐快速渗透到众多传统制造业，工业视角在发生着变化，企业的决策者利用工业 4.0 来重构未来格局，去稠密市场寻找契机，在"互联网＋"框架下利用各种技术，逐步构建学习型"神经"系统。

第9章，将看到大量的真实案例，这是"互联网＋"难以回避的风险，并针对各种风险缔造可靠的安全架构，但是一味地"防"解决不了根本问题，威胁情报系统的建立才是"互联网＋"的真正未来，当然在这里，还少不了决断作用的安全审计。

勘误和支持

由于作者的水平有限，书中难免会出现一些谬误或者不准确的地方，恳请读者不吝批评指正。书中的任何问题和错误，欢迎发送邮件至邮箱 96new@sina.com，我将尽量为读者提供最满意的解答。

如果你有更多宝贵的意见，也可以通过邮箱或者关注我的微信订阅号"互联网 LinkALL"（扫描下方二维码）来进行沟通，互相交流，期待能够得到你们的真挚反馈。

致谢

本书的出版首先要感谢机械工业出版社华章公司，特别感谢华章公司杨福川先生的帮助，尤其是在前期的构思、章节、方向等方面给予的专业指导，还要感谢华章公司高婧雅女士和孙海亮先生的辛勤审稿，他们以专业和细致的态度审核了书中每一个细节。

这里还要感谢亲戚朋友，是你们在背后默默地承担着一切。

当然，更要感谢的是正在阅读本书的读者朋友，无论你是刚刚接触"互联网＋"的初学者，还是在"互联网＋"领域已有一定研究的拓展者，你的阅读和关心都会让"互联网＋"更茁壮地发展和成长。

朱雷、杨欢、张世才

目录

| 第1章 |

"互联网 +" 渗透模式来袭

有一名做中型零售的朋友——老李，几年前我们的对话是这样的。

2010 年 1 月 × 日

老李：今天巡店，听着试衣间的"咔嚓"声，我就知道又有人在拍衣服的价签了。这礼拜我都听到五六回了，现在一听到拍照声，我这肝就疼。有时候，我都想把价签打上马赛克。

我：拍价签做什么用？

老李：那还用说，淘宝呗，网上的价格便宜多了。

我：不考虑把你的货物放到网上卖一下？

老李：会赚钱吗？

我：实体店照常经营，闲下来的时候给你的货物拍点照片，上传到网上店铺，有人咨询你就回复，这也不耽误你的实体店生意。

老李：……

老李接触互联网比较晚，做电子商务更是一点经验也没有。开始的几个月，我带着他装修网店、转换营销模式、洽谈快递业务，就这样持续了 3 年，那时的老李 85% 的业务都在线下。

2013 年 5 月 × 日

老李：我算是明白了"听君一席话"是啥意思了，要不是几年前把业务转移到线上，恐怕我已经和我的店一起 Game Over 了。

我：现在业务怎么样？

老李：现在啊，实体店面撤了不少，大多数业务都在线上，利润的 70% 以上都是网店带来的。宣传费少了，店面的租金、人力成本也少了，我现在是轻装上阵，在零售业中算是突围成功啦，哈哈哈。

我：现在是转型成功了，那我问你一下，你的客户中，经常购物的有哪些？他／她们购物的频率是多少？他／她们的消费情况，他／她们的年龄层次，他／她们的购物倾向，他／她们的忠诚度，他／她们的……

老李：我了解这些有什么用？

我：准备二次创业吧，你把这些搞清楚了，你的货物会卖得更好。

接下来的很长时间，我带着老李了解了一个新的领域——大数据，从起初的排斥，到后来的得心应手，老李已经可以通过大数据平台准确定位客户群，精准投放每一条广告，如今线上的业务已经难以满足老李的需求，我们的对话也再次发生了变化。

2015 年 8 月 × 日

老李：我也有"粉丝"了。

我：哈哈，恭喜你呀！

老李：有喜有忧啊，喜的是我那批"死忠"客户就认我的产品，这个利润点可以一直保持。忧的是，这帮家伙需要定制化的产品，这些产品单独给他们生产，成本显然过高，放到市场上销售，又不知道市场认可度怎么样。

我：如果有十万人对你的产品感兴趣，并且产品的研发、生产费用是由这十万人共同出资，产品问世后，这十万人都会进行购买，生产产品还有压力吗？

老李： What？还有这样的好事？那我研发和生产的风险差不多降到"零"了，快说说这又是什么新玩法。

我： 这叫众筹，把你的创意、设计模型放到平台上，以预购的形式开放给所有网友，感兴趣的网友会按照产品的最后定价进行购买，而你又获得了资金援助。

资金保障，客户保障，再加上产品的质量保障，相信你的产品销量一定会稳中提升。

你的企业已经在电子商务领域摸爬滚打了多年，但是传统的痕迹还是有的，尽管经营模式和思维有很大转变，但是试图获得新的利润点和新的收入增长，还需要从本质上增加一个新的属性，它的名字叫"互联网+"！

不再像以往那样充满怀疑和抵触，这一次老李似乎又发现了新的商机……

第1节 "+"

"+"，一个简单的数学符号，它能代表什么？

一个理念？！

一个潮流？！

一个方向？！

一个战略？！

还是一场变革？！

信息领域不断诞生新的理念，一些理念快速融入到社会、企业和广大人民群众的生活中，还有一些理念在短时间消失在了广袤的信息发展领域。

"互联网+"究竟是什么，是昙花一现的概念，还是引领信息未来的主力军？！

不可否认，还有很多传统行业/企业对"互联网+"持有观望的态度，这就如同当年传统零售业难以接受电子商务的跨界转型一样。新兴的理念会有很长一段时间的识别期和成熟期，是用"互联网＋"理念，快速识别产业 / 行业 / 企业的未来战略方向，还是继续在传统领域寻求解决之道。

对此，我们不必要着急下定论，先来看看什么是"互联网＋"，它能给实体行业 / 企业带来何种变化。

什么是"互联网＋"

长久以来，中国经济的高速发展依赖于人口红利，而这个红利正在急速消失，一旦陨灭，至少需要 20 年时间才能重新找回来。

作为一项重要的经济走势指标 GDP（Gross Domestic Product，国内生产总值），已经从 2007 年第 1 季度的 14.00%，迅速滑落到 2015 年第 1 季度的 6.95%（如图 1-1 所示），中国经济高增长态势基本宣告结束，说其行走在刀尖临界点也未尝不可，下行压力前所未有。

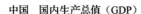
中国　国内生产总值（GDP）

图 1-1　中国近十年 GDP 走势

面对企业利润率的宽幅波动，决策者会通过增加管理强度、优化人员配置、提高周转率，或者是锁定远期利润的理财收益来重新盘活企业。

短期内，企业结构、企业素质的升级，盈利效果会显现出来，但是长远战略目标评估，这样的改变未能触及最核心的根基，未来的发展依然会在短时间内步进到下降通道中。

俱往矣，依靠投资来拉动增长的传统经济模式已经成为历史，经济增长的"三驾马车"（投资、消费、出口）已经严重透支了未来的利润点，以"创新能力为驱动"的下一代产业生态增长模式将成为经济增长的主体。

在创新能力中，云计算、大数据、物联网、移动互联、3D 打印、智慧工业已经在诸多领域崭露头角，通过这些技术突破了产业间的壁障，让产业链条得到了质的变革，但是单一技术难以撼动整体框架，行业 / 企业的转型绝非彻底。

破解这样的局面，就要破除信息不对称的局限，通过一个广泛认可的平台发布、共享、回收、解构、分析数据，于是一个新兴的技术出现在了信息执行者的面前，它叫"互联网 +"。

通俗一点的解释就是"互联网 + 传统行业"，它的工作理念是将互联网标签融入到传统行业的生产、经营领域，利用互联网，以及云计算、大数据、物联网、移动互联、3D 打印、智慧工业、知识自动化等辅助技术，改造传统行业的弊病和顽疾，使其拥有新的发展和生存业态。

为什么是"互联网 +"

在第十二届全国人民代表大会第三次会议开幕会上，李克强总理在政府工作报告的"新兴产业和新兴业态是竞争高地"部分提到："制定'互联网 +'行动计划，推动移动互联网、云计算、大数据、物联网等与现代制造业结合，促进电子商务、工业互联网和互联网金融健康发展，引导互联网企业拓展国际市场，国家已设立 400 亿元新兴产业创业投资引导基金，要整合筹措更多资金，为产业创新加油助力。"

"互联网 +"被提到国家战略的高度看似不可思议，但是"互联网 +"成为国家战略绝非偶然。

信息产业的发展速度远远超过了其他任何一个产业，信息业诞生的新的技术也是所有产业中的翘楚，尤其以互联网为甚。

从产业结构上讲，互联网属于服务业，是第三产业中的一个别类，但是它又和传统的第三产业有着天差地别的区别。它可以为第一产业调动足够多的资源，加速农业、林业、牧业、副业和渔业的资源流动；可以为制造业、采掘业、建筑业等第二产业打通上下游的关系，贯穿整个供应链；为第三产业提供知识、数据、流量等可视化的资源。它服务于实体经济，有着实体经济的属性，同时又可以在多个维度为不同的产业、行业、企业提供立体支撑。

"互联网＋"不只是企业、行业的转型工具，更是贯穿整个产业结构，在经济、技术、战略的角度提供难以复加的绝对力量。

1. 经济

2015 ～ 2035 年，在人口红利急转直下的窘境中，必须找到刺激经济下一轮高增长的新动力，也就是说行业／企业需要转型，整个产业结构需要转型，需要一个带头的核心战略拉动整个经济的发展。

实体产业在一定领域仍将贡献力量，但是动能不足的疲态已然尽显，在实体领域注入强心剂，将是经济再度发展的契机，"互联网＋"调动的结构和能量将会影响大量的行业，我们已经看到，机器人的大规模使用让整个制造业产生了质变，这对于企业的影响颇大，更重要的是，它将带动一系列上、下游产业。

2. 技术

物联网、工业 4.0、3D 打印（如图 1-2 所示）、知识工作自动化、虚拟现实、先进制造业战略，这些技术和产业革命均指向制造业领域，云计算、大数据、移动互联虽然横跨多个产业，但是缺乏整体规划的全局技术领导。

图 1-2　STRATI 基于 3D 打印的汽车构造图

"互联网 +"以集之大成的海纳能力，将高新技术融会贯通，从实际应用层面植根在企业信息领域，可以在短时间内看到现实的效果，于企业和行业的快速转型和发展有着非常好的接地效应。

3. 战略

传统物流业、传统金融业、传统零售业、传统制造业需要数据共享、需要互联互通、需要拥有连接一切的广泛特性，单纯地在传统行业 / 企业内部进行区域性改造，效果不会很明显，需要一个核心来嫁接实体经济和虚拟经济，产生新的业态。

"互联网 +"将改变固有思维，企业发展的战略将会发生转变，比如广告投放，传统的电视、电台广告不再是唯一青睐的对象，移动互联将定点投放广告，费用更低、针对性更强、效果更为明显。

新业态下产业 / 行业 / 企业的"互联网 +"战略将成为中国经济长效发展的新范式。产业 / 行业 / 企业的持续健康发展将围绕在"互联网 +"这个核心框架内，找寻适合产业 / 行业 / 企业自身优势的新模式。

第 2 节 互联网 "+" 什么，怎么 "+"

既然"互联网 +"的目标是传统行业 / 企业的互联网转型，那么哪些行业可以融入"互联网 +"？究竟"+"什么？怎么"+"？

互联网 + "什么"

几年前，在线购物、游戏、即时通信、搜索引擎、门户网站长期霸占互联网，线上创造的广告收益以"滚雪球"的方式疯狂递增。收益增长的同时，互联网巨擘也在不断获取网络流量，犹如一块大饼，被巨头们蚕食一空，对于中小互联网企业来说只能"他为刀俎，我为鱼肉"。

而时隔两年，这样的情形发生了彻头彻尾的改变，名不见经传的乐视网，以"一夜成名"的节奏成功狙击优酷、土豆、腾讯等视频网站，网络流量瞬间赶超大亨。流量的获取也意味着客户和资源的同步掌控，于是乐视线下的电视、手机发展势头同样猛烈。作为互联网企业的乐视网，互联网发展成功后进而进军硬件领域，互联网企业反向投资传统企业的行为也让业界为之一震。

信息领域的逆袭好戏不断上演，而这一切无一例外的和互联网有关，借助互联网工具已经让传统行业受益匪浅，如果将互联网注入传统企业中，则会呈现另一股腾飞的架势，这是"互联网＋"所积极倡导的，"互联网＋"并不只是行业和互联网的简单叠加，真正"＋"的绝非如此简单。

1. "＋"行业

说起"互联网＋"，首先想到的就是互联网和传统行业的渗透融合（如图 1-3 所示），这是"互联网＋"最核心的部分。正是互联网的介入，很多传统行业已经转型成功，并且形成新的商业价值，这些"互联网＋"行业逐渐成熟，并且拥有更高的进阶，我们看到了越来越多的行业增加了"互联网＋"战略。

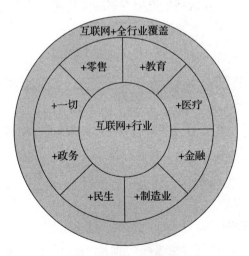

图 1-3 "互联网＋"全行业覆盖

❏ 互联网＋零售

❏ 互联网＋教育

❏ 互联网＋医疗

- ❏ 互联网 + 金融
- ❏ 互联网 + 政务
- ❏ 互联网 + 物流
- ❏ 互联网 + 制造业
- ❏ 互联网 + 通信
- ❏ 互联网 + 社交
- ❏ 互联网 + 农业
- ❏ 互联网 + 环境
- ❏ 互联网 + 旅游
- ❏ 互联网 + 房地产
- ❏ 互联网 + 交通
- ❏ 互联网 + 民生
- ❏ 互联网 + 众筹
- ❏ 互联网 + 保险
- ❏ 互联网 + ANY（一切）

在"互联网 +"领域中广为熟知的行业当属"互联网 + 零售"，通过移动互联和云计算技术网罗大量的资源和流量，通过大数据分析和寻找最佳客户思维切入点，重新激活用户的消费能力，掌控企业 / 行业的经济命脉。

"互联网 + 零售"是成功的，但是并没有应用"互联网 +"的全部能量，事实上也不需要应用所有的能量，因为"互联网 +"面对的是全行业，3D 打印、虚拟现实、智慧工业等技术会在针对性行业中迸发最大的能量。我们也会在后面的章节中，逐步渗透"互联网 +"的核心技术对企业 / 行业的影响和应用。

2."+"创意

"互联网 +"作为国家战略被提出，短时间内涌现出大量的创业者，一波现象级的创业潮已经开启，众多创业者的切入点依旧是承载各种功能的 App、定制开发的 O2O 商业网站，但是企业的决策者和业务人员对此的兴趣已经大不如前。

为何？

首先，类似系统在市场上已经饱和，并且绝大多数数据、流量、客户被少部分寡头所垄断，试图打破壁障势比登天。

其次，市场上的信息运作行为多保持着通用性，创业者一拥而上带来的同质化的产品，很难有瞬间抓取眼球的特色产品出现，"惯性思维"让客户在选择上游产品时很难有所突破，经历创业初期的疯狂后，恐怕会有成批 O2O 倒闭。

美国广告大师——李奥·贝纳曾经说过："我深信卓越的创意作品，永远是一个成功代理商前进巨轮的中轴——过去是，现在是，未来亦如是。"

的确，"互联网＋"催生了全民创业时代，市场上需要创意的产品和思维来挑战传统模式，所以"互联网＋"附加的一个重要元素就是创意。拥有创意可以在纷争的市场中，迅速吸引用户的注意力，快速抢占和扩张市场份额，将企业／行业的运营优势迅速注入市场环境中，这也是彰显企业／行业 IP（Intellectual Property，知识产权）的绝佳商机。

3."＋"服务

服务需要从两个角度拆分描述。

从"互联网＋"提供商的角度分析，"互联网＋"取代"互联网思维"后，很多生态提供商和系统培训机构将"思维"换成了"＋"，如果只是名称的变化，那么"互联网＋"就是噱头。

"＋"的深层含义是从根本上改造企业／行业，让企业／行业的生产、经营、业务流转模式全部实现数字化的流转，通过物联网、3D 打印、虚拟现实、知识系统获取所有标的的数据，再通过大数据平台分析、重构数据，得出运营弱点、系统趋势、未来蓝图。如果需要，企业的决策者可以掌控每一个运行环节，而这一切都是依靠云平台来完成，用最小的成本代价获取最大的投资回报。

这是"互联网＋"对企业／行业的服务，是决策层面的服务，但绝不是服务的终点，服务的终点是企业／行业对客户和消费者的服务，这是"互联网＋"的另一个重要服务。

中国互联网络信息中心（CNNIC）发布《第 36 次中国互联网络发展状况统

计报告》，截至 2015 年 6 月，我国网民规模达 6.68 亿，互联网普及率为 48.8%。
手机网民规模达 5.94 亿，较 2014 年 12 月增加 3679 万人，网民中使用手机上
网的人群占比由 2014 年 12 月的 85.8% 提升至 88.9%（如图 1-4 所示）。

图 1-4 CNNIC 发布的《第 36 次中国互联网络发展状况统计报告》

资料来源：CNNIC 中国互联网络发展状况统计调查，2015.6

　　互联网载体提供了异常庞大的用户数量，这个用户量还在疯狂的递增。他
们是服务的主体，只有将忠实用户拉动到企业 / 行业内，才能获取有效数据，进
而实现数据分析，"互联网＋"服务就是下游建立根基，上游网罗用户的服务
契机。

4. "＋"体验

　　这是"中心"快速迭代的时代，但是有一个目标恒久不变，那就是"用户"。
而围绕用户，企业需要在服务环节实现了上下游的贯通，这个贯通需要有一个
重要的保障，那就是用户体验。

　　不管是商业网站、App 手机客户端，还是微信定制的公众号，功能强大是
一个方面，更主要的是用户操作的便捷性和有效性。

　　"互联网＋"非常注重交互的体验，试想，"互联网＋医疗"在挂号、缴费、
问诊等方面不够人性，医生和患者会逐渐抛弃这个平台；而对于半辈子都是"面

朝黄土，背朝天"的农民伯伯来说，"互联网＋农业"更是提出了更高的体验需求，如果操作复杂且难以上手，到头来，又回归到传统的买卖方式，那么社会无疑是倒退的，"＋"体验在未来互联网的发展道路上任重而道远。

互联网发展多年，如今又提出了"互联网＋"的国家战略。表面上，我们看到的或许是互联网行业内部大肆开火，但是在信息领域摸爬滚打数十年的大佬们已经对这样的阵仗习以为常。真正令人坐立不安的却是那些传统行业，尤其是极其传统的企业，被行业淘汰，或者被社会取代，这样的担心完全有必要，也完全有可能，当我们了解了互联网"＋"什么后，我们更要看看互联网怎么"＋"。

互联网怎么"＋"

"互联网＋"的特性可以做到极致发展，例如，不起眼的煎饼铺可以通过"互联网＋"的理念，做到 4000 万元估值，并踏上上市之路。

微型企业尚且如此，更何况是整个行业，整个产业。"互联网＋"作为国家战略，它的发展已经关系到国家经济的命脉，全产业链的梳理和整合会让经济发展的脉络更加清晰。

1. 社会价值优先

行业 / 企业苦寻新的收入增长点，尤其是日渐衰落的制造行业。毫无疑问拓展到新的渠道会带来新的发展契机，对企业未来数年、数十年的长效发展都是有益处的。于是，商业价值成为企业追寻的首要目标，但是在信息化社会，尤其是"互联网＋"时代，价值的取向发生了改变，社会价值逐渐成为优先选项。

我们不妨看一下阿里巴巴，它拥有海量用户，用户的每一次鼠标点击、网上搜索都会形成消费行为的实时数据闭环，这些数据的流转完全处在阿里巴巴的内部，它可以与消费者保持黏性，优先洞见消费者的购买能力和购买方向。

如果阿里巴巴不开放大数据，其他行业试图获取资源只能营造新的数据源，但是阿里巴巴并非将大数据视为己有，而是在 2015 年 3 月推出国内首个面向政府开放的大数据产品——"阿里经济云图"（如图 1-5 所示）。

图 1-5 阿里经济云图数据精准分析

通过阿里经济云图可以了解区域内的电子商务交易额、买家卖家区域分布、寄收包裹量等，多个维度地分析地域分布、行业分布、商品类别、卖家群体、买家群体，进而挖掘出区域内的优势产业、热门商品、潜力企业、消费主力。获得了走势就获得了方向，政府即可按照大数据给出的数据曲线精准定位发展蓝图和策略。

阿里巴巴首先在社会价值上释放出巨大能量，随后政府会将潜在客户和商机引入到平台内，进而获取更加全面和精准的数据支持，而阿里巴巴也会在商业价值上获取丰厚的回报。闭环的信息流动只是强化了一个企业，这对整个社会是无益的，"互联网＋"将数据进行整合、分析、共享、开放，降低了社会交易成本，不管是信息管理者，还是资源管理者，都可以用较低的成本使用全球的智慧和资源。

未来，社会价值凌驾于商业价值的行为会成为"互联网＋"时代的新常态。

2. 技术引领

理念是思想，真正推动"互联网＋"高速持续性发展的依旧是技术的引领。"互联网＋"是一个完整的生态，囊括的技术也非常广泛，总的说来，"互联网＋"涉及的技术主要有：

❑ 云计算

❑ 大数据

- 物联网
- 移动互联
- 工业 4.0
- 3D 打印
- 虚拟现实

这些是"互联网＋"接触最紧密的技术，我们会在后面的章节中逐步深入，介绍分项技术在"互联网＋"的领先优势和最佳工作模式。

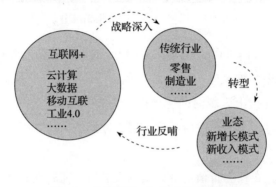

图 1-6　"互联网＋"技术转化模型

3. 战略开拓新市场

历经多年，PC 市场的发展前景日渐疲软，尤其是移动端"砍瓜切菜"般的霸占市场份额，整个互联网的运作体系被完全肢解。

一方面是拥有良好商业运作模式和系统，但是逐渐日落西山的 PC 市场；另一方面是日渐强盛，活跃度也较高，但是商业模式无法大规模变现的移动互联客户端，两者需要强强结合，产生新的化学反应才能让市场行为转换为经济行为。

这是信息领域的技术碰撞，在实体行业同样伴随着激烈的交互和对抗，传统痕迹较轻的企业已经尝到了互联网的甜头，迫切希望能够通过"互联网＋"的深度和广度再造企业体系，互联网企业也在积极寻求切入传统市场的机会，这会让两者有非常密切的交互。

说到对抗，是那些非常传统的企业，他们垄断着行业的绝大部分资源，掌据着中小企业难以企及的数据和信息，数据的结构化、集中化、独占化的特性异常明显。当数据形成闭环难以流转时，紧密耦合的控制与被控制模式只能让垄断加剧。

中小企业需要生存，当资源被垄断时，他们会通过其他渠道来撬动传统商业模式。互联网的信息交替行为远远超过其他渠道，它的介入可以让中小企业利用最短的时间和最小的投入获得较多的回报。最为简单的例子，关注企业的微信公众号，一来可以立即获取用户资源，二来可以定向投递企业级广告，这样的宣传更快捷，也更容易将用户资源转化为商业资源。

互联网引领的"由外而内"的倒逼，正在以压倒之势摧毁传统企业，只有充分利用互联网工具，平衡 PC 端和移动端的资源，战略性地开拓新市场，打开新的领域，传统企业才能和"互联网＋"真正地拥抱在一起。

4. 跨界影响力

早在十年前，我们很难想象汽车能和互联网融合到一起，这是完全不相关的两个行业，现在却完美地契合在一起：通过车联网，可以在忘记带钥匙的情况下通过网络远程开启车门；丢失汽车时快速定位；通过云平台采集用户的行车习惯和车辆的健康状况，再通过大数据对海量数据进行分析，给出用户最佳的驾驶习惯；降低油耗，实现社会级的节能减排。

再说说智能家居，下面的情景不要羡慕，未来几年我们的家居也许会更为先进（如图 1-7 所示）。

- 早晨起床，柔和的音乐渐进性响起，窗帘缓慢打开，家的主人舒缓地从睡梦中醒来。
- 下班回家，中央空调系统自动识别室内外气温，给主人最为合适的室内温度。
- 餐饮时间，不用等待煮饭的漫长过程，系统自动煮好米饭。
- 恶劣天气，主人不必往返家中来关闭窗户，系统已经自动关闭！当然如果空气中 CO_2 浓度过高，ZigBee 技术还会与空调、排风扇等设备相连，排风换气。

❑ 意外情况，小偷光临，系统会悄无声息地报警，并语音或者短信告知家的主人，小偷走出大门时第一眼看到的就是等待他的警察。

❑ 钥匙不再是随身携带之物，回到家只需要按下手机按键，即可打开家门，同时音乐、灯光、空调会根据需要自行开启。

❑ 中央空调系统、中央热水系统、中央采暖系统、中央新风系统、中央除尘系统、中央安防系统、中央净水系统、中央灯光系统，家中的一切都在智能的掌控之下。

......

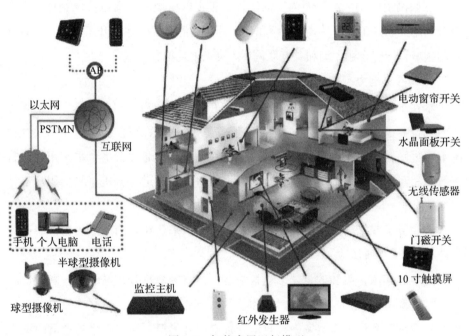

图 1-7　智能家居运行模型

还有刚刚提到的"互联网＋煎饼"，我们不无例外地看到了一个特性，两个完全不搭边的行业走在了一起，这就是跨界融合。

互联网怎么"＋"，正是通过无与伦比的跨界影响力来融合传统企业。在未来，看似完全不搭边的传统企业会通过"互联网＋"来改造自己。"互联网＋"

不是工具，而是一种能量，重塑信息架构的能量，传统企业通过"互联网 +"将实体信息逆变成信息数据。"互联网 +"看似加法，却绝非如此简单，它是先进科技的代表，它在沉淀传统领域的经济和社会管理，利用科学手段，重构和提效，为传统行业快速转型和升级赢得窗口和机遇。

第 3 节 "互联网 +"的知之与不知

从"互联网 +"诞生的那一刻起，它就被赋予了新的理念和使命，同时也具备了新的内涵和特征，我们熟知的"互联网 +"通常是这样的。

你所知道的"互联网 +"

我国互联网探索始于 1987 年，从诞生到蓄势待发，再到逐渐繁荣，互联网的发展速度不可谓不快。而如今"互联网 +"的兴起，更是将互联网的发展推到新的高度。

"互联网 +"拥有了互联网的所有特性，同时它还被赋予了新的使命和责任，这些特性是我们所熟知的"互联网 +"。

1. 跨界融合

跨越不同行业，将网络技术和海量设备融入到传统行业，这是跨界；互联网与传统产业的双向渗透，演绎出一种新的模式，引发生产力的变革，这是融合。

以数字为始、经济为主的转型融合是"互联网 +"的第一属性，将技术和商业内容融合，推动产品模式向服务模式转变，改变整个商业模式，激发出新的商业形态，这就是"互联网 +"跨界融合的重要体现。

2. 渗透能力

截至 2015 年 6 月，我国网民规模接近 7 亿，手机网民规模接近 6 亿，互联网普及率为 48.8%（如图 1-8 所示），这是什么概念？这说明中国互联网的渗透率已经接近人口数的一半，未来几年互联网发展会更甚，互联网的能力是无法估量的。

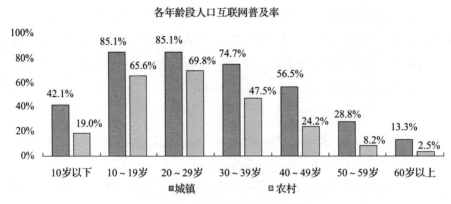

图 1-8　网络覆盖囊括各年龄段

资料来源：CNNIC 中国互联网络发展状况统计调查，2015.6

在互联网红利主导下，制造业红利和消费红利拥有了迅速变现的能力，这会让互联网更快地渗透到生活消费、企业生产中，行业／企业的互联网发展趋势将变成常态。

3.强劲驱动力

传统企业安逸许久，传统观念也让企业更多地记住了过往的优势，而忽视了未来的威胁。即便考虑转型，未来的不确定焦虑也会让决策层难以痛下决心，传统企业的"破与立"需要强劲驱动力来指导并推进企业前行。

回顾以往，第一次工业革命后机器代替手工劳动，第二次工业革命将人类带入了"电气时代"，第三次工业革命让信息的流动像洪水一样遍及每一个角落，每一次革命都给传统经济模式带来了革新，甚至颠覆性的影响，同时也牺牲掉老旧、腐朽、低效的运行模式。而现在，工业 4.0 更是来势汹汹，数字化和信息化已经难以满足需求，智能化、决策化的领袖气质才是工业 4.0 的驱动能力所在。

信息／数据流动范围越大，分享人群越多，它的边际收益递增性就越强。同时，信息还在物理世界的对应面上映射出时间、空间两个维度衍生的数据世界，这个数据世界是财富，是资源，是大数据翘首企盼的价值本源，也是驱动企业新经济发展的引擎。

4. 去中心化

中心化是围绕特定的人群、特定的事务而建立的统一平台,企业级、业务级网站的中心化的痕迹非常明显。中心化拥有很强的针对性,这会让受众人群大幅减少,同时也不利于信息和数据的交互与传递。

去中心化是在共同参与、权级平等的基础上缔造的互联网生态平台,互联网更加扁平,内容更加多元,参与者更为广泛和平等。阿里巴巴、京东等电商平台即弱化了上下游的距离,商家和用户利用互联网和平台直接交互,普适而广泛的特征让"去中心化"可以更好地推动"互联网 +"的发展。

5. 虚实结合

即便信息技术的发展已经可以代替传统的人力行为,并节省大量的劳动力成本,但是思维惯性禁锢了企业的发展,原有产品的研发生产方式在较长时间内得不到切实的改变。

随着"互联网 +"、物联网、先进制造业的崛起,工业企业可以将生产设备增加 RFID,通过互联网构建网络化物理设备系统(CPS,如图 1-9 所示),生产设备能够自动交换信息、触发动作和实施控制,管理者可以通过远程操控、数据自动采集技术精确感知、传送和分析数据,加快生产资源的优化配置。

对于人力无法触及的工业领域,还可以通过虚拟现实技术,在第一现场、第一时间获取最为翔实的数据,数字化的"虚"和硬件设备的"实"完美构建了现代工业基础,为未来"再制造化"夯实基础,实现物理、虚拟、思想世界的交互与协同。

6. 重构碎片化

互联网将不同种族、不同国家、不同地域的人联系在一起,为社会和经济带来了人脉和资源,整合了线上 / 线下资源,这造就了互联网的广泛在线化特征。

在线化获取到越来越多的资源,但是这些资源会呈现出另一个状态——碎片化,何为碎片化?即信息爆炸的互联网时代为我们提供了大量的信息资源,信息量之大让我们无法有效地选择,信息的总量在叠加,但是我们只是在信息的海洋中获取少量的有价值信息,这就是碎片化。

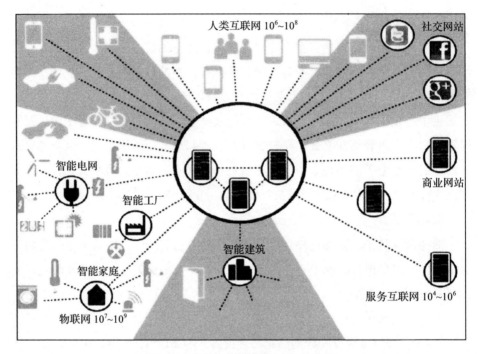

图 1-9 博世软件创新公司 CPS 平台

数据来源：博世软件创新公司（bosch），2012

碎片触碰不到事务的本质，也无法进行最恰当的技术处置，需要在碎片中重新提取，重构碎片信息，将最核心、最关键、最有价值的数据堆放在使用者面前，"互联网＋"、云计算、大数据可以完整地重塑碎片，实现信息价值传播的理念。

7. 个性化

社会形态发生着巨大变革，生产、生活方式也出现了崭新形式，企业和个人对个性化、专属化、定制化的产品产生了极大的兴趣。比如智能家居，大部分技术实现方式是通用的，但是很多人还是希望可以根据自己的思想来定义专属于自己的私人领域。

不仅于此，个性化的需求会出现在几乎任何领域，包括教育、医疗、民生、物流、通信、旅游等诸多行业，"互联网＋"的主旨是贯穿全行业，打通所有的产业链条，通盘考虑广泛需求的同时更加注重不同人群的独特需求，尽管目前还难以满足所有人、所有的需求，但是在不久的将来，社会结构会依据兴趣进行组合，实现个性化的定制。

"互联网 +"继承了互联网的优势和特点，又在其基础上深入发展，通过互联网纽带，盘活经济，促进社会化大生产。不仅仅是消费者，上下游的企业、不同行业、社会组织也都融入其中，"互联网 +"发展到了空前的高度，投资回报率也在持续增长。

这是我们了解的"互联网 +"，它还有一些不为人知的特性等待我们挖掘。

你不知道的"互联网 +"

经过一番介绍，相信对于"互联网 +"的理念、特征，很多人也已经有所了解，这些都是显性的特征，还有一些隐形的特征更能体现"互联网 +"的精髓，接下来，我们不妨看一看你所不知道的"互联网 +"。

1. 摧毁落后行业

资源集中、渠道垄断、品牌溢价，行业寡头享受着垄断的快感，"变化"是传统企业最大的挑战，拥有最大的行业红利为何要分享给业界的对手，凌驾于商业模式的顶层，坐拥无可比拟的品牌价值，传统企业始终觉得它的根基不会被撼动。

短时间内，行业垄断依旧很难打破，但是中小企业也需要生存和发展，由于不在一个层次，中小企业试图突围，只能降维出击，在宣传、服务、体验等多个维度，底层分化垄断溢价的寡头。

历史会给我们一些启迪，我们不妨看看那些已经消失和即将消失的行业。

"洗照片"应该是胶卷时代最大的红利，不管是旅游，还是家庭生活，很多人更习惯将黑白的底片冲洗为彩色的照片，那时柯达、富士公司业绩颇丰。随着数码相机的出现，人们可以随时随地地欣赏照片，照片的冲洗需求不再那么优先。2010 年照片冲洗行业收入同比 2000 年降低了 69.1%，未来 10 年，预计还会下降 39.1%，届时会有 2359 家企业倒闭。

再举个例子，唱片商店 2010 年收入同比 2000 年降低了 76.3%，到 2016 年年底预计还会降 39.7%，造成这种现象的主要因素就是互联网主导的在线音乐的崛起。互联网对行业的破坏力相当巨大，可以说，信息技术的发展可以瞬间击垮一个行业。

对于落后的行业，信息技术在以摧枯拉朽之势进行改造或者摧毁，"互联网＋"更是如此，越来越多的传统企业已经不敢轻视互联网这个话题了。

是墨守成规，依旧被陈旧思想所禁锢，还是将信息技术注入企业的生命周期，实现行业／企业的再度腾飞，先知的决策者应该提早考虑了。

2. 催生新兴行业

由于信息不对称和融资成本太高，小微企业试图获取融资是一件非常困难的事情，然而这种局面在 2015 年 1 月 18 日被打破。

2014 年 12 月 12 日银监会批准深圳前海微众银行开业，2014 年 12 月 16 日，"深圳前海微众银行股份有限公司"完成工商注册工作并领取营业执照，2015 年 1 月 18 日首批民营银行中的微众银行试营业。一家既没有营业网点，又没有营业柜台，更无须财产担保的互联网银行诞生。

"互联网银行"，一个产业结构中未曾出现的行业，借助于"互联网＋"的大潮涌入经济运行的领域，小微企业不再为融资所困，大数据信用评级可以准确地确认申请人的发放贷款额度，人脸识别技术可以有效保障资金的流向（如图 1-10 所示），而申请、审批、发放的速度远远超过传统银行。

未来，行业的加速迭代和创新会让更多的新兴行业诞生，"互联网＋"将不断催生新的行业。

3. 催化行业规则

2014 年年初，两家公司开始史无前例的烧钱大战，主角是腾讯主导的"滴滴打车"和阿

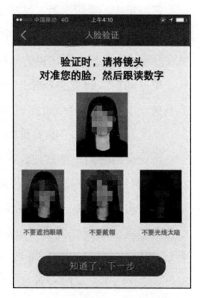

图 1-10 微众银行人脸识别技术

里巴巴主导的"快的打车",在短短半年的时间里投入了大约 20 亿元。

请全国人民打车,让的哥 / 的姐赚了个盆满钵盈,也让消费者享受了莫大的优惠,随后,国外的打车 App——Uber 也加入到移动互联的打车领域,一时间"招手即停"的打车一族,变成了"一触即停"的数字化竞争。

接下来的发展更加让人不可思议,出租车已经难以满足商家和消费者的需求,专车的出现让众多豪车和私家车出现在互联网交通领域,拓宽出行需求的同时也产生了较大的非议。

出租车行业的既得利益被"专车"分离,赚的比以前少是出租车司机的最大感受,于是各地出租车司机频繁罢工,抵制专车行为;另外,专车的出现,更多司机加入交通运营的行业,监管部门在处理纠纷时更加繁琐,监管力度不断提高,这在一定程度上削弱了专车的发展,于是专车司机开始不停地抱怨、不断地抗议,甚至开始罢工,而对于专车的发起者和领导者来说,也没有在这个领域内获取等量的投资回报。

专车提高了车辆的利用率,有效地减少了碳排放,但还是造成"四方皆输"的局面,原因在于政策法规的支撑力度不够,利益各方的分配未能达到均衡,只有审视新的行业规则、产业连接、社会及产业的大环境,充分考虑各方的利益、职责和义务才能让行业真正的健康发展。

"互联网 +"创意理念在快速催生新的行业,也让以往陈旧的、过时的行业规则不断暴露出来,它在撼动行业的规则根基,迫使新的行业规则出现,并适应市场环境。企业需要跟上信息发展的步伐,稍有迟疑,或者缓慢前进的步伐会拖慢企业的发展,或者终结企业的生命。

这绝非危言耸听!

第 4 节 "互联网 +"从战略到落地

如果一直高高在上,那么"互联网 +"就真得只是概念上的炒作了,所以,"互联网 +"需要运用到实际的行业 / 企业中,需要从战略行为转换为落地。

国家战略支持落地

"互联网＋"升格为国家战略，上至国家，下至各级政府，都会对"互联网＋"落地做出政策响应。

不同层级的政府文件，会在资讯建立、技术扶持、人才引进、优惠力度等诸多方面下足工夫，政府会扮演引领者与推动者的角色，引领"互联网＋"的专业平台入驻旗下，也会向传统行业／企业提供技术类咨询和人才，帮助行业／企业顺利过渡和转型。

"互联网＋"产业园及孵化器，会让早期进入"互联网＋"的开拓者尝到甜头，也会利用成熟的经验指导后来者，各级政府在智慧城市的建设方面，充分发挥了"互联网＋"的战略意图，通过物联网连接物物信息，再通过云计算和大数据，获得准确、可靠的基础信息，并将分析结果呈现给顶层决策者，发现城市建设的不足，加快城市智慧运作。

生态型平台前景广阔

传统企业资源集中、渠道垄断的优势犹在，它的互联网转型会非常谨慎，因此，传统企业的"互联网＋"战略落地或倾向于成熟的生态型平台。

首先，成熟平台有着同类企业成功和失败的大量案例，可以有效避免失败带来的诸多不利；其次，平台在客户、市场等资源的积累上有着先天的优势，这些数据囊括整体产业链布局，再通过大数据的分析回馈到企业决策者手里，对于未来企业的走势有着积极的引导作用，最重要的一点是生态型平台并非面对单一客户，会有大量的企业使用这个平台，也就意味着，企业可以付出较少的财务代价，换来一个"即插即用"的平台（如图 1-11 所示）。

"互联网＋"要做的只是生态与平台的连接，快速寻找转型突破点，为企业未来的发展赢得先机。

受益方高度体验

早前我们去银行办理业务，"排队"是必修任务。后来增加了排号机，客户可以查看多少人在排队，这是一个进步。但是业务不同，办理的时间自然不同，客户还是无法了解究竟需要排多长时间，如果可以预估时间，或者预约办理时间，相信很多客户的体验效果和满意度都能够大幅提升。

图 1-11 "互联网 +"生态平台

企业需要通过不同的手段和工具来提高客户的满意度，只有客户"受益"，企业才能"收益"。

曾经接触过一家制造型企业，它主要是生产编织袋和纸箱封装好的小包装货物，外销成品的重量在 20 ～ 50 千克，由于产品较重，人力搬运非常耗时，经常看到整个厂区主路被堵塞，提货司机抱怨声此起彼伏。

周转率的萎靡会让企业的资金回报减少，于是企业开始大刀阔斧地改造。人文关怀上，建立休息室，可以让司机饮水、看电视、休息；信息上，建立了排队系统，短信通知装货时间和地点，并在大屏幕上滚动播出；货运上，抛弃了高风险和低效率的人力码垛，采用机器人码放编织袋和纸箱，企业货物流转效率提高了 70% 以上。

然而，企业的信息化改造并未结束，企业在顶层模型上建立了数据仓库，掌握了大量的客户资源，他们的提货种类、需求时间、采购周期等所有数据都存储在企业内部，这个闭环信息是财富，数据挖掘完全可以洞见客户的未来需求。企业开始大数据平台的建设，通过数据的广度、深度、粒度挖掘下游客户的核心需求、忠诚度、未来量等信息，主动发起资源、产品推送，为企业赢得利益的同时也吸引了大批忠诚客户。

上下游的链路打通并不意味着供应链的全部贯穿，物流、现金流等维持企业运营的重要因素同样关键，供应链的"互联网＋"才能真正将企业解放出来，也使企业又开始了供应链的全面整合。

看得出来，"互联网＋"的战略落地要充分考虑受益人员，只有消费者、客户获得最佳体验才能让企业 / 行业进一步发展。

O2O 切入点

在团购消费领域，O2O 的市场占有速度非常迅速，易观智库发布《中国生活服务 O2O 市场专题研究报告 2014》（如图 1-12 所示），报告显示，移动端用户活跃性在逐渐威胁或赶超 PC 端，美团移动端用户数超过 9000 万，美团移动端用户月均访问量 10 289 万次，是 PC 端的近 2 倍。团 800 发布的《2015 年 5 月中国团购市场统计报告》显示移动端交易额占比更是高达 95%。

如今，O2O 已经不满足于零售和餐饮等本地化生活服务，互联网交通、互联网医疗、互联网教育等领域纷纷开始尝试"互联网＋"。

如广州市的"城市服务"，市民通过微信入口即可找到医疗、交管、户政、出入境、缴费、教育、公积金等 17 项民生服务，户口办理等基础服务在手机上即可一次性完成，无须多次往返办事窗口，目前该账号已服务接近百万广州市民。

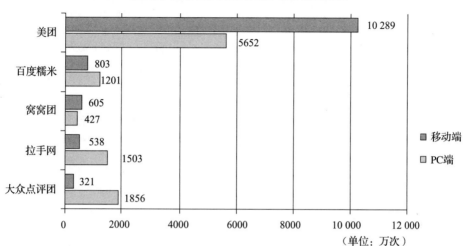

图 1-12 易观智库《中国生活服务 O2O 市场专题研究报告 2014》

医疗领域，全国已有近 100 家医院上线微信全流程就诊，超过 1200 家医院支持微信挂号，服务累计超过 300 万患者，为患者节省超过 600 万小时，还有大量的 App 软件出现，大幅提升了就医效率，节约了公共资源。

在企业端，商务网站每天传递着公众数据，但是很多企业主已经不满足 PC 端的信息公告，App 和微信的切入让下游客户可以在第一时间获取咨询，为后期供应链平台构建移动端入口。企业未来会在"O2O＋B2C（线上线下的企业对消费者模式）""O2O＋C2B（线上线下的消费者对企业模式）""O2O＋P2P（线上线下的对等模式）"大肆发展，最终形成"O2O＋F2C"，即线上线下的交互，从工厂到消费者的直接交付，形成供应链、消费链的互联网化。

必须承认，移动端有着先天的优势，可以让用户快速融入到市场和企业的运营框架中，这不仅是战略落地的良好切入点，也是发展和治理市场、行业体系的重要工具。

利用现有工具

交易数据是关键要素，访问数据、搜索数据同样也是，一些数据会成为

O2O，另一些数据则会成为大数据分析、解构环节最重要的本体。

移动互联会串联线上线下的所有资源，这个资源将会以"滚雪球"的形式，呈现爆炸式的增长，行业／企业的战略落地离不开资源，这必将成为行业／企业发展的基础保障。数据的深度还为大数据提供了资源本体，通过大数据平台可以分析出更多我们意想不到的结果。

而对于这些资源和数据，我们并非需要支付太多的成本，政务云、电信云、金融云、移动应用云、桌面云、医疗健康云、文化产业云、教育产业云、能源产业云、农业产业云在各领域已经发展成熟，企业仅需要支付少量的资金即可以获取大量的资源。

善于利用现有工具和技术会起到事半功倍的作用。

传统企业的"互联网＋"的战略落地面临着多个痛点：一是市场化程度不足；二是信息化强度不够；三是主观臆断不明确；四是风险预判能力不清晰。所以企业决策者在抉择企业未来时，往往在"转型"和"再造"两个截然不同的走向犹豫不决。

传统企业，尤其是产能落后、架构失衡、产品无竞争力、企业生命价值较低的企业，不转型是等死，转型失败也许加速灭亡，或者直接埋葬企业的未来；而选择"再造"，少有企业拥有大的魄力和手笔。

就像前面说的，传统企业的"互联网＋"之路可以考虑借助生态平台，利用工具的力量。BAT 在云计算、大数据、移动互联等多个维度提供了大量的工具和成功解决方案，传统企业可以利用这些工具进行"互联网＋"，将渠道扁平化，减少供应链的支出，实现 F2C 的最终解决方案。

传统企业的"互联网＋"的另一个出路是投资、收购、并购互联网企业，吸收互联网企业的优势，将成熟的技术和传统企业的运营对接。

不同行业／企业的业务类型、商业模式、运营理念存在差异，互联网与传统行业的跨界融合会有颇多坎坷，但是"互联网＋"作为国家顶层战略出现，政策的扶持、技术的支持会不断涌现出来，行业／企业只有把握时机，复制改造经验的模式，探索全新的区域，扩大自己的生态，才能不被市场淘汰。

写在最后

信息科技历经了几个过程，每一个过程都饱含痛苦和坎坷，但同时也获得了不菲的回报，有些企业的利润呈现几十倍、几百倍的增长，有些行业甚至翻身而起，成为业界的标杆。

总有一些应该把握的信息技术被遗憾地错过了，"互联网＋"技术也被很多"排外"思想极力阻挠，我们无法预判未来数年的发展前景，但是我们能够感受到信息技术所带来的震撼冲击，"互联网＋"的资源使用性价比、利用率、便捷性等优越性异军突起，在技术领域已经成为被广泛接受的核心技术。

而在经济领域，全球经济增长放缓，国家经济受到了房产市场降温、债务高企、劳动力成本提高、生产能力过弱等问题的拖累，国家层面需要重新构建新经济来推动市场和消费，李克强总理在政府工作报告中提出"互联网＋"的背景有着更远期的谋划，新兴产业和新兴业态是竞争高地，是关系到国家经济命脉的重要一环，这也是未来"新常态"的一个重要信号。

技术引领经济是不是科学的命题，无须矫正！借助技术手段辅助经济再腾飞，才是合理命题。我们已经步入一个技术快速迭代的时代，最早接触该技术的先行者已经将企业发展到新的高度。

以"互联网＋"为代表的信息科技，被注入"推进社会发展"的革命性力量，一曲"技术＋行业"的主题曲已经奏响，且看我们如何优雅演绎。

第2章

大数据，"互联网＋"最可靠的挚友

有战争，就会有杀戮！也必然会诞生新的王者！

现代社会远离硝烟，冷兵器早已消失在历史的长河中，热兵器也鲜有出现，残酷的战争渐渐离我们远去，而一场隐形的战争——信息战，却在我们身边不断打响，而我们甚至没有意识到这场战争的出现。

置身事外者往往体会不到这里的残酷，只有场内的参与者才能真正体会那种肃杀、冷漠和无情，我们知道，多种因素决定着战争的走向，而这一次，决定成败的一个关键要素浮出水面，它叫大数据。

不过，在介绍大数据概念之前，不妨先来回顾一下这个事件。

2012 年 11 月 6 日，美国第 57 届总统选举激战正酣，大选前一周的一项民调显示，认为罗姆尼比奥巴马更具有未来视野的选民占比 55%，罗姆尼的领先优势远远超过奥巴马；另一个对奥巴马不利的因素是，奥巴马政府领导下全国失业率高达 7.4%，所有的一切均对时任的领导者不利。然而，选举结果却大大出乎人们的意料，奥巴马最终以 332 票赢得选举，高出罗姆尼近 100 张选票。在竞选花费中，奥巴马团队花销不到 3 亿美元，罗姆尼团队花了近 4 亿美元，烧钱的团队并没有赢得最终的胜利。

这样的结果颠覆了"筹钱多、花钱狠、赢政权"的美国总统选举铁律，随着选举的结束，奥巴马政府的一只神秘队伍逐渐浮现出来，那就是奥巴马政府"大数据"精准营销团队，他们干预了整个选举过程，在竞选策略、选民舆论、媒体导向方面由数据挖掘团队为其量身定制，使奥巴马在竞选对抗中处处占得先机，最终获得胜利。

第 1 节　引擎启动，"互联网＋"快跑

信息领域可以有效利用的工具比比皆是，或者是高度可用的细颗粒资源，或者是精细化的制造工业，抑或是海量的线上 / 线下用户融合。而随着数据不断诞生，资源疯狂增加，一个新时代——"大数据时代"被唤醒了！

这就是大数据

体量之大、处理之复杂，常规的处理工具无法在可承受的时间范围内合理的撷取、处理，这是大数据（Big Data）最浅显的概念，但是数据膨胀到何种程度才能称为大数据呢？我们首先回顾一下数据的换算关系。

数据最小的基本单位是 Byte，按照递增关系，数据的单位分别为 bit、Byte、KB、MB、GB、TB、PB、EB、ZB、YB、DB、NB，它们按照进率 1024（2 的十次方）来计算：

1Byte = 8bit

1 KB = 1024Bytes

1 MB = 1024KB = 1 048 576Bytes

1 GB = 1024MB = 1 048 576KB = 1 073 741 824Bytes

1 TB = 1024GB = 1 048 576MB = 1 073 741 824KB = 1 099 511 627 776Bytes

1 PB = 1024TB = 1 048 576GB = 1 125 899 906 842 624Bytes

1 EB = 1024PB = 1 048 576TB = 1 152 921 504 606 846 976Bytes

1 ZB = 1024EB = 1 180 591 620 717 411 303 424Bytes

1 YB = 1024ZB = 1 208 925 819 614 629 174 706 176Bytes

1 DB = 1024YB = 1 237 940 039 285 380 274 899 124 224Bytes

1 NB = 1024DB = 1 267 650 600 228 229 401 496 703 205 376Bytes

PB 级别的数据可以称为入门级的大数据，随着大数据在应用领域的决定作用越来越突出，决策力、洞察力、发现力和流程优化能力的重要程度越来越高，各种行业的结构性和非结构性数据在不断增加大数据的资源池，数据在不断膨胀，4V1C 特点也在不断突出。

大数据的 4V1C

初识大数据，体量之大是其最明显的特征，但仅仅是体量大还不足以描述大数据，短时间难以撷取、处理的数据还具有 4V1C 的特点。

1. Volume（体量大）

说得直白一点就是数据量大，大的程度是我们很难想象的。百度技术委员会理事长陈尚义曾经透露，百度每天处理的数据量将近 100PB，这相当于 5000 个国家图书馆信息量的总和，而这仅是 2013 年的数据。2015 年年初，百度云数据存储量已经超过 5EB，换算成我们熟知的 GB，这将是天量级的数值。

当 PB 级别的数据处理已经成为常态，EB 级别的数据逐渐走向前端，面对庞大的增量，少有工具可以在短时间分析并绘制数据高保真模型，这就是大数据体量大的特征。

2. Variety（多样性）

以事务为代表的结构化数据，以网页为代表的半结构化数据，以视频和语音信息为代表的非结构化数据不断生成。

"互联网＋"时代，尤其是移动互联触发的数据狂潮，让数据的多样性更加复杂，搜索、社交网络、视频、电子商务、传感器、智慧交通、电信等数据不断从移动端涌现，而工业 4.0、3D 打印、虚拟现实、物联网生成的数据丝毫逊于移动端。

试图把握事务全貌，则无法架空、回避半结构化数据和非结构化数据，大数据只有接纳所有的数据才能进行全局性掌控，好在这样的问题对于大数据来说并不复杂。

3. Value（价值密度低）

在百度中搜索"大数据"，相关结果会达到惊人的 7 300 000 条（如图 2-1 所示），对于用户来说，真正查看的也许只是前 5 页，之后的浏览趋势将呈现大幅下滑的状态，而真正有用处的也许只有 5 ~ 10 条，甚至更少，这就是价值密度。

图 2-1　百度引擎搜索结果

信息时代，尤其是"互联网＋"时代，数据的生成更快、更多，真正有用的难以瞬间呈现，只能通过大数据平台进行准确挖掘和呈现。

4. Velocity（速度快）

忽略网络状态，搜索引擎反馈搜索结果的速度通常是以"毫秒"计算，电子商务、即时分析工具同样如此，这是大数据领域中特有的定律——"秒级定律"，即需要在海量数据中心定位到最有价值的信息，并反馈给用户。

快速的处理和分析是数据分析和挖掘的重要保障。

5. Complexity（复杂性）

车联网中有一项重要功能——收集和分析行驶信息，分析的数据除了驾驶时间、休息时间、车辆状况、道路状况等基础数字信息外，还会监测车身不自然晃动、紧急制动频率，捕捉驾驶人员的行为和表情，进而分析驾驶人员的疲劳状态，将危险的征兆以图形化形式反馈给后台管理人员。

数字、图形、视频、感知等半结构和非结构数据涌入大数据，语义分析技术、图文转换技术、模式识别技术、地理信息技术等同类的或者交叉分析，导致大数据算法需要考虑太多的因素，这本身就是一项异常复杂的工作。市场研究机构还预测到 2020 年，全球数据总量将达到 35.2ZB（1ZB=10 亿 TB），全球数据中心流量趋势也呈现出快速递进的趋势（如图 2-2 所示），大数据的复杂程度可想而知。

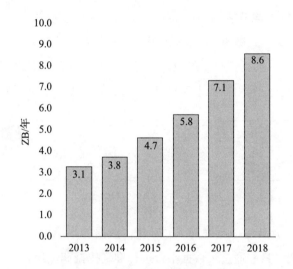

图 2-2　全球数据中心流量增长趋势

数据来源：思科全球云指数，2013 ～ 2018

从大数据 4V1C 的特点上看，大数据注定与传统数据在分解、比较、聚类、归纳、分析逻辑推理研究上有着非常大的不同。

对于大数据的研究者和使用者来说，已经感受到了大数据的优势和约束，我们已经度过了理论研究门槛，开始体验大数据所带来的不一样的冲击。

大数据的破坏式创新

大数据拥有海量的分析样本，数据挖掘可以深刻洞见最为本质的核心，从本章开头的案例可以看出，当深刻了解选民的意向、动态和选举倾向时，改变选民潜在意识走向也成为容易的事情。

意向、态度、情感是非常模糊的概念，心理学专家也很难准确地判断出大规模人群的心理走向，但是大数据却可以通过鼠标点击、搜索引擎、关系图谱获取这样的非数字化信息，这对于预判未来趋势，获得潜在的产品和服务满意度走向起到了异常关键的作用。

"选举"和"数据"这样不相关的事务都被大数据攻陷，我们不得不叹服它的潜在能力，说其正在以破坏式创新方式渗透到各行业，这并不过分。

1. 僵化的层次结构被消除

以往的数据规规矩矩地存储在数据库的各种表格之内，如 OA、ERP、CRM 等系统，数据的递交和反馈也完全遵从数据库的既定设计。

这样的数据库优、劣势非常明显，设计优势是拥有非常好的结构化特征，所有的数据都是经过层层审批录入数据库，精准性可以完全保障，"清晰的假象"和"不完全的精确"在这里完全不存在，这是此类数据库毫无争议的优势。

劣势是数据库只有单一的用途和价值，只有录入数据库的数据才能成为分析的主体，即便其他数据非常重要，但受制于格式的限制，也不能使用，比如 GPS 数据、搜索数据、关系图谱等。数据库规模看似庞大，但也只是以样本的形式呈现在分析者面前，全面数据的缺失也无法彰显事务的细节信息。

大数据提供了前所未有的可量化的维度，不再借助于随机样本，而是对所有的信息进行采样和分析，哪怕是鼠标的一次点击，键盘的一下敲击都可以成为大数据挖掘的对象，即便是错误的操作，大数据也丝毫不会在意，为何？犹如广袤海洋中，即便航空母舰这样的庞然大物，对于海洋来说也不过尔尔，数据量形成一定规模时，错误将会缩小至极限，直至毫无影响。

传统数据库层次关系被打破，各类信息都可以毫无顾忌地涌入数据库，忽略来源、忽略种类、忽略错误、忽略精准，大数据可以接受混乱，可以宽容错误，这给我们带来更多的价值，并让我们可以享受其所带来的难以量化的优质服务。

2. 放弃因果关系的诉求

大数据的破坏式创新在因果关系的诉求上体现得淋漓尽致。以往，人们习惯需要知晓事件发生的原因，然后再追寻结果，因果关系成为决策制定的关键要素。

但是很遗憾，因果关系并非在所有决策上都可以起到正确的导向，两者还会产生背道而驰的极端反应。当大数据可以萃取到大体量的数据时，逐一对照因果关系已经不再可能，也完全没有这个必要，因为大数据告诉我们的不再是"为什么"，而是"做什么"。

放弃了因果关系的渴求，不再热衷于精确度，大数据给出的答案是相关关系，比如，我们在亚马逊上购买图书，网站会根据搜索、喜好、停留时间推荐出其他书籍，这些书籍通常会被读者购买，团购网站、音乐网站同样会探索和挖掘相关数据，为访问者提供更加贴合自己消费习惯的产品，让"数据"自己发声，让"数据"和用户直接交互。

3. 绝对体量造就绝对走势

早前，人们并不认为朋友圈、空间、社交网站的照片是数据的来源，实际上照片的上传、推送、下载会夹杂大量的数据，GPS、传感器生成的数据会占据85% 以上的数据量。

大型门户、电子商务、视频网站、地图导航、物联网以及医疗、政务、银行、证券系统都在疯狂地产生数据，2012 年全球数据总量已经达到了 2.7ZB，在随后的十年间数据的增长将更为迅速，市场研究机构预测到 2020 年，全球数据总量将达到 35.2ZB。

如今不再是资源有限的时代，而是资源无限膨胀的时代，数据广泛分布在多个数据中心之内，每秒钟会接受数千万条指令和请求，数据同步和数据细节在大数据时代非常不现实，适当忽略微观上的精准度，宏观上将会有更好的洞察力。

很难想象，传统的选举和大数据能扯上关系，但这确实发生了，大数据绝对体量带来了不可估量的能力，大数据影响选举的走势、舆情监控已经暴露在数据团队的指标系统中，未来大数据可以预测疾病的发生，可以左右经济的走势，可以洞察行业，可以提供指向性的商业策略。

这样的事情还将会继续突破人们的想象，大数据的破坏式创新将持续进行。

为何称大数据为"引擎"

观看 F1 大赛，经常被轰鸣的声音激发得热血沸腾，那是引擎发出的怒吼。

汽车性能与轮胎、悬挂等系统密不可分，但是最重要的依旧是动力输出的引擎。

汽车如此，火车、火箭、航天飞机同样如此，当然"互联网 +"也需要超性能引擎的支撑，大数据可以非常好地扮演这个角色。

1. 大数据的高性能引擎

交通方面拥有车联网、物联网、船联网，还有大量的路网监控，每日生成的数据难以计数；卫生方面拥有流感法定报告数据、全国流感样病例哨点监测和病原学监测数据，可对这些数据进行智能化价值挖掘。

大数据可以通过路网监控、车联网数据，分析最佳的车流量信息，做出最优的信号灯控制时间，这种智能路径规划会在交通流量管制方面提供更多帮助，也会让道路自己管理自己。不仅仅是交通，大数据可以让各个领域的运作发展得更加顺畅，这就是引擎的作用。

2. 大数据的长效引擎

另外，大数据的引擎效应还体现在"长尾理论"（如图 2-3 所示），"长尾"是统计学中幂法则（Power Law）和帕累托分布（Pareto Distribution）特征的一个表现。受成本和效率因素的影响，过去人们只能关注重要的人和事，在正态分布曲线中，体现的就是曲线的"头部"。由于关注曲线的"尾部"，需要更多精力和成本，所以很少有企业和系统会关注"尾部"信息。

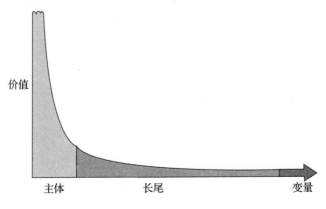

图 2-3 大数据的长尾理论

小数据时代，只关注正态曲线"头部"，而没有精力和能力关注"尾部"，这就会造成信息的片面和失真，有时不能保证一个系统完全在既定路线上长效运转。而大数据作为引擎，在正态分布中，不仅关注"头部"，亦关注"尾部"，长效引擎效应非常明显。

我们可以参照一下 Google 公司，其不仅仅网罗大企业用户，也更加关注小企业，甚至小微企业，Google 的广告把数百万计的小型企业集中在一个平台上，通过小型企业换取大量利润，这是一条长尾商业化的过程；再如余额宝不设置门槛，广泛接受小额用户，这长尾化了大量的用户群体。

大数据有能力关注长尾的任何环节，这些"尾部"的信息同样会给大数据提供非常重要的数据本源，为大数据精准预测提供绝佳数据支撑，大数据长尾化也是下一代信息技术的创新、竞争及生产力的重要抢占要地。

第 2 节　大数据的精准定位

没有出现计算机和互联网之前，数据就已经出现，人们会根据数据制作报表、曲线图，并获取未来趋势。

如果数据量过大，手工计算和绘制会如灾难般的存在，况且这种方式获取的数据非常少，也非常片面，得出的结果通常会出现偏差，甚至会做出与趋势相反的判断。

从原始数据转变为全新的洞察力，从单纯的数字到 BI 强大且美观的可视化数据，并让数据"发声"，让数据"讲述故事"，这并非一蹴而就，大数据囊括了结构化数据、非结构化数据和流数据，经历了坎坷的小数据，才有了今天精准定位的大数据时代。

数字 vs 数据

从 "0" 到 "9"，不管怎么组合，也不管组合成为多么大的数值，这仅仅是数字，二进制、八进制、十进制、十六进制，同样如此。

统计后的数字可以给人一种直观的呈现，但是这需要经过非常复杂的运算才能得出结果，决策者需要的不是数字，也不是数据，而是具有准确定位的指向性商业策略。

场景再现 I：

足球比赛，比分 1∶0，这个是数字。

10 分钟之内有很大概率扳平比分，这个是数据。

来自英国的 Alex Bleakley 透过大数据进行了分析，充分考虑了主 / 客场比赛、球队的平均进球数、对手的平均失球数、进攻实力和防御实力等因子数据，并得出了有趣的结论：双方球队在发生进球后的 5 分钟内再次进球的可能性很小，但是在这之后的 5 分钟内，失球球队进球的可能性非常高。

教练说进球后的 10 分钟内一定要让后防线保持充分的警惕，这个是需要认真听取的。当然，球迷朋友们在看到第一个进球时，不要打瞌睡，极有可能在 10 分钟之内再看到下一个进球。

小数据 vs 大数据

抽样调查 100 台电视机，其中 10 台出现了故障，简单的核算结果是故障率为 10%；如果抽样值放大 100 倍，故障率会衰落到 0.1%，即便不了解任何统计学知识，我们也知道这样的分析结果并没有任何价值。

小数据时代，数据的汲取、分析能力很弱，这注定要求小数据样本不能太多。另外，小数据会要求样本最大限度地保持质量的一致性。样本搜集的信息量本身较少，如果样本发生信息畸变，数据的衍化将更为失真。

但令人遗憾的是，即便拿到了小数据的分析结果，忽略结果的准确性，仍难以从数据反馈的信息中得出即将发出的指令，因为小数据没有数据挖掘的能力，如果将大数据注入，情况将明显不同。

大数据，可以加入任何可获得的信息，同样是电视机的故障率检测，大数据会追踪产品的物流状态、天气状况、仓储环境，并可以追踪故障产品的产品线故障率和良品率，接下来大数据在给出分析结果的同时，还会给出另外一个关键数据——故障发生相关走势。

　　大数据涉猎的数据不再执迷 100% 的精准性，事实上大数据也不必如此，采样忽视了细节考察和数据的非线性关系，容忍混杂或者混乱的数据，即便是错误混进数据库，大数据也未必在意。大数据采样也不再是随机样本，而是全体数据，这样的结果更准确而又有价值。可以说，大数据的简单算法比小数据的复杂算法更有效。

宏观洞察，精准定位

　　在搜索引擎、淘宝、京东等网站上找寻感兴趣的图书，即便脱离该网站，该图书的当前售价、好评数等信息也会呈现在消费者面前，还实时更新图书的降价和好评数信息，消费者会根据这些信息来判断是否需要继续购买该图书，当然系统会推荐和该类商品相类似的其他商品。

　　书籍的价格走势通过 Cookies 可以窥探端倪，但是进行针对性的推荐（如图 2-4 所示），却是 Cookies 所难以企及的，大数据则会记录并分析搜索记录、停留时间、鼠标点击次数、同类产品相关度等非线性数据，结合大数据的相关性给出更加合宜的答案，在网站上购物越多，分析就越准确，购物体验也就越流畅，大数据的精准定位可见一斑。

图 2-4　大数据的精准定位

　　营销领域同样如此，我们已经见证了从"以产品为中心"到"以客户为中心"的转变，这其中的转变，大数据在背后提供着非常重要的支撑。

　　步入苹果门店，Macbook Air、iMac，甚至 iPad 看似都是一个角度呈现在消费者面前——70°（如图 2-5 所示），这是苹果公司搜集了店面几乎所有的数据，经过大数据分析得出的结果，当电脑屏幕和桌子呈现 70° 角时，屏幕的反光会非常不舒服，消费者就会伸手调整屏幕角度，从心理学理论上讲，一旦消费者与产品发生肢体接触，其购物可能性就上升 15%。

图 2-5 苹果电脑的 70° 角

看似毫无规律的事件被大数据加以分析，并有效利用。大数据正在改变市场营销行为、工作方式、思维理念，理解和挖掘消费者背后的海量数据，宏观洞察市场趋势，精准定位用户需求，细分用户需求，为用户提供个性化营销方案，大数据将用户群变成企业或产品的粉丝群，这无疑是企业利润长久保障的关键因素。

自我营销催生极致用户体验

记录在传输过程中被延迟，到达时价值取向已经递减，或者失去原本的意义，这是"半衰期"在互联网领域的展现。据统计，网络新闻的阅读量通常发生在链接发布的 3 个小时之内，随后点击率会大幅减少，直至无人阅读，指数下降规律是普适效应，与新闻内容无关，在信息爆炸的时代，95% 以上的信息会被遗忘或者过滤，只有零散信息被记忆（如图 2-6 所示）。

数据在萃取和处理时需要时间，如果处理时间过长，反馈给用户的就是过时信息，用户的体验也会快速衰减。

大数据可预测消费者消费活动的相关性，直觉、印象都可以被大数据精准分析，这可以准确掌握消费者的购买意向。于是，我们看到越来越多的企业营销逐渐摆脱"粗放式"阶段，不再广泛、漫无目的地投放广告，而是转为精细化的定点模式，针对不同消费者投放其感兴趣的内容。

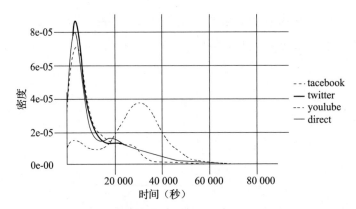

图 2-6　互联网链接分析机构 Bit.ly 中 1000 个流行链接的平均生命周期

当消费者对北京旅游有出行意愿，而商家恰逢其时地推送北京地区的优惠门票、折扣航班、低价住宿时，那么消费者的北京之旅很可能成为现实，消费的资金流向也非常有可能在推送商家的信息中无障碍的流转。

移动互联网和"互联网＋"的发展，新社交媒体的崛起，消费者获取信息的方式呈现碎片化、主动化，以"互联网＋"为依托的大数据，能最大限度地获取整体数据，消除抽样调查的误差，宏观上可以得出最为真实的运行趋势和方向，微观上可以准确计算并定位用户的绝大多数行为。大数据在掌控、预测、方向的把握上远超过其他任何工具。

第 3 节　大数据的"大"能量

因果关系是快速思维模式，决定的快速制定有时会抢占先机，但更多的时候，快速思维会让我们做出错误的决定，长期关注因果，视角很可能被蒙蔽。大数据属于慢性思维，抛弃因果关系，注重相关关系，我们只需要知道会发生什么，而不是为什么发生，这正是系统的价值。

大掌控

各个国家都会定期对人口进行普查，从而获得教育、卫生、三农等工作的第一手资料，为民生、教育、医疗等领域提供科学依据，也为残疾人、低收入、外来人口等特殊人群的特殊政策提供信息指导。

如果采用小数据的抽样调查，少量有用的样本信息难以获取人口的整体情况，野蛮清点也会浪费巨大的人力、物力和资源。如今物联网和传感器发展迅猛，手机用户呈现跨越式增长，数量从过去 7 亿多部增加到现在的近 13 亿部，手机的家庭户普及率几乎是 90%，通过传感器发送的信息足够计算区域居民密度，再配合实名制和学生的学籍管理系统，可以分析家庭成员构成，进而分析人口特征。

尽管这样的分析结果会有一些出入，但是却可以在短时间内挖掘关键信息，大数据对人口普查带来了革命性的影响，缘由就是它对全局的掌控，不仅仅是人口普查，大数据还可以在绝大多数情境下掌控事情的进展。

大智慧

监控摄像头最原始的作用是监视区域内的非常规事件，并以视频格式留档，在纠纷发生时可以通过调用视频来还原事件真相。

大数据的出现赋予了监控摄像头新的定义，我们知道相机、手机照相或者录像时会自动识别面部，监控摄像头同样可以实现，因此在视频监控的同时，还可以依靠大数据来做出一些附加的价值。

摄像头可以追踪客户流，记录客户停留位置、停留时间，取货的目的性、频率等非结构性的信息，通过分析判断是否为正常的购物行为。如果行为异常可以做出警示，并通过面部识别和公安机关提供的犯罪人员信息，识别是否存在扒手行为。

监控摄像头从纯粹的成本支出，到增加收入的投资，这是一个产品转换为智慧的过程。这只是一个非常浅显的案例，通过大数据可以创造出更多智慧的行为。

早前电网使用效率非常低，电能损失会达到总电能的 60% 以上，而利用大数据对能源系统进行实时监测，网罗所有的电网信息，比如传输地点、电力衰减，通过数据挖掘，快速侦测故障点，可以避免电力的无谓损失，快速获取和分配电力的能力，可见，智慧的力量让能源形式拥有了端到端的洞察力和解决力。

数据分析是理性且合理的，对未知事件的运行趋势、消费者喜好，大数据都可以做出智慧的建议和实施方向，这种洞察力足以重塑很多行业，节省成本，创造价值。

大预测

大数据拥有预测能力毋庸置疑，但是它可以释放多大的力量却被外界所怀疑，我们不妨看一下这样两个案例。

美国当地时间 2013 年 2 月 24 日晚，第 85 届奥斯卡金像奖各项大奖尘埃落定。当天晚上，电影人都将焦点落在大奖"花落谁家"，而在这之前一个名叫戴维·罗斯柴尔德（David Rothschild）的微软研究院专家已经"知晓"了除最佳导演外的所有奖项的归属，这里的"知晓"是他在奥斯卡颁奖之前已经预测出所有的奖项。

关于戴维·罗斯柴尔德，另一个被人熟知的事件是，2012 年美国大选，他使用一个通用的数据驱动型模型，准确预测出 51 个行政区中 50 个行政区的总统大选结果，准确率达到了 98%。

还有很多意想不到的事情大数据同样可以做到，大数据犯罪概率的算法在嫌疑人实施犯罪前就被预先逮捕。

加利福尼亚州桑塔克鲁兹市使用犯罪预测系统，通过城市大数据预测犯罪地点和时间，向巡警安排任务，这样的预测并非空穴来风，在所预测的犯罪事件中，60% 以上的犯罪真正发生，系统投入使用一年后，该市入室行窃减少了11%，偷车减少了 8%，抓捕率上升了 56%。

这在以往是难以想象的，但事实上更多难以想象的事情正在被大数据改写。

场景再现 II：

这是发生在医疗领域的案例。

美国公共卫生机构要求医生发现新型流感病例时，在疾病控制与预防中心进行备案，从医院接收病人，到数据的最终传递通常需要 1 ～ 2 周的延迟，对于传播速度很快，危害较重的流感疫情来说，这样的延迟会造成非常严重的后果。

对于未来疫情的判断，有一家互联网公司提前数周做出了流感爆发的预测，这就是谷歌公司，谷歌公司每天收到的全球搜索指令超过 30 亿条，这些搜索记录中也包括"感冒""咳嗽""发热"等关键字，用户在搜索的同时，地址信息也会递交，因此，谷歌公司成功地利用这些关键字和流感地区的关联，预测出美国冬季流感的传播，并且精确到地区和州（如图 2-7 所示）。

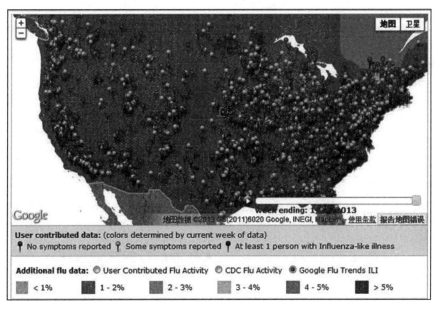

图 2-7　谷歌流感地图

成功的预测，可以帮助更多的人关注天气变化和增减衣物，减少病情发生。大数据扮演了"先知"的角色，预测结果远远超过了传统的记录 / 判断模式。

大方向

城市化经过多年的发展，给人们留下更多印象的依旧是钢筋水泥的高楼大厦，但这并不能验证这个城市是否具备高度文明，城市管理者意识到问题的症结，于是新的发展路线和蓝图正在重新定义着城市的新方向。

城市信息的反馈与搜集会在几分钟内生成数亿条记录，包括教育、医疗等常规系统生成的结构化数据，以及音频、视频、路径、物联信息等非结构化数据，这是一笔巨大的财富。虽然其中不乏脏数据和无用信息，但是大数据可以接受错误和混乱，夹杂的信息并不会妨碍大数据的分析。

从路网监控中辨别交通流量的瓶颈，从医疗数据上找到排队难的关键节点，从供应链上做出最合理的产销模式，在物流环节、食品安全、绿色环保、智能楼宇、气象、水资源等诸多方面都可以做出方向性的指引。

大数据分析偏向分析潮流和趋势，特别是数据驱动的计算系统，可以在大量数据面前计算和挖掘出最佳发展方向。大数据可以在多个领域做出方向性指引，如果数据量足够多，通过大数据的流行歌曲算法系统，判断未来音乐的走势也是可以办到的。

大数据的威力在各行各业发挥得淋漓尽致，有些行业甚至成为无法替代的核心能量，大数据已经走完了技术成熟度曲线，并在众多场景、众多领域中得到验证，"互联网＋"的强势注入更为大数据带来了工具和发展，我们细数一下"互联网＋"时代，大数据的得力助手。

第 4 节　"互联网＋"，大数据前行的忠诚伙伴

多数人可能没有意识到自己每天制造多少数据，也没有意识到一些大数据企业利用这些数据发展到什么地步。

我们在不断为大数据生成最为需要的本体，但是本体的获得少不了其他技术的支持，"互联网＋"作为坚实后盾，为大数据的持续发展夯实了基础。

云计算

有一个重要的理论——"摩尔定律"，在信息界广为流传，还有一个理论——"安迪－比尔定律"，但熟悉它的人相对较少。

　　前者的理念是，当价格不变时，集成电路上可容纳的元器件的数目，它每隔 18 ~ 24 个月便会增加一倍，这样的理念我们感受颇深，硬件设备性能在不断提升，价格却在不断下降；"安迪－比尔定律"是对工厂产业中软件和硬件升级换代关系的一个概括，指硬件提高的性能会很快被软件消耗掉，这里"安迪"是英特尔公司原 CEO 安迪·格鲁夫，"比尔"就是微软的创始人比尔·盖茨。

　　不管英特尔公司在硬件方面拔高了多少硬件性能，微软公司都可以用 Windows 系统将性能吞噬，于是，我们看到了电脑性能的飞速发展，但是看不到电脑在使用速度上有同步的跟进。系统和软件都在消耗硬件设备的资源，大数据的汲取和挖掘，需要异常复杂的处理能力，即便是数十台大型机堆叠在一起也很难完成巨量数据的计算、分析和挖掘。

　　但是云计算可以！

　　样本分析时代，数据的存储和处理能力非常低，数据的基本用途或者首要价值被提取，它的实际作用已经消失殆尽。人们会认为这是无用信息，或者继续保留所耗费的资源远超过数据价值。

　　另外，数据也有着边际效应递减的规律，当样本数量达到某个值后，从新的个体身上得到的信息会越来越少，这时数据深入研究同样面临着成本压力。

　　面对这样的状况，通常的做法是让数据消失。

　　但正如本章第 1 节所介绍的那样，"长尾理论"注定数据在任何时候都会有利用价值，哪怕数据价值较小，谁能说 300 年前的流感疫情发生过程、死亡率、解决方法对当今流行病学没有丝毫帮助，数据的海量存储和长效存储需求迫在眉睫，不过很多存储方式又难以满足巨大的体量。

　　但是云计算可以！

　　在云中，人们可以用少量的成本获取庞大的资源，如果资源匮乏也可以随时随地进行扩展，即便是 EB、ZB 级别的数据存储，云计算也丝毫不会在意。云计算可以提供大型机、巨型机难以企及的高速、高性能的数据处理功能。

　　云计算不仅可以成为大数据的得力助手，还可以做大"互联网＋"格局，提供跨界创新能力。

移动互联

由于智能手机和移动互联网的飞速发展，电子商务、团购、旅游、交通等领域改变了传统的运作模式，O2O（Online To Offline）让线上和线下的交互成为可能，在盘活相关领域的同时也产生了大量的数据。

每一次浏览、每一次搜索、每一笔消费都被记录在数据库中，大数据可以根据这些信息精准定位和追踪评估，为用户推荐最感兴趣的商品和服务，回避传统营销模式不可预测的推广行为，同时O2O可以充分利用互联网的粒度、宽度、广度、深度，深度挖掘线下资源，促成跨地域、无边界的广泛合作模式。

O2O和移动互联已经成为不少企业年报必提的方向，通过移动端的交互，触发了很多快速、即时的交易，也为商家带来了新的消费者盈余浪潮，再通过大数据精准定位和营销，让商家的业务持续性得到更好的延伸。

物联网

物联网（如图2-8所示），是通过射频识别（RFID）、红外感应器、全球定位系统（GPS）、激光扫描器、气体感应器等信息传感设备，按照制定的标准和协议将物品的信息传输到互联网，并由平台进行智能化的分析、定位、跟踪、执行、管理的网络环境。

小到家用电器、燃气设施、通信设施、银行卡、身份证、护照，大到飞机、火车、汽车、卫星都带有RFID，2012年全球生产的RFID数量达到数百亿个，物联网提供每天100万亿次的数据交互，日数据量通常以TB计算。

图2-8　物联网

物联网接收传感器信息，弱化了人、物的物理位置，也减少了用户的使用麻烦；云计算提供的强有力的后台支撑，为数据的存储提供了绝佳保障；大数据则擅长处理超大数据量，为人们提供了安全、便利、舒适的生活环境指引。

物联网传递的信息和大数据分析的信息，将会在"智慧油田""智慧电力""智慧医疗""智慧城市""智慧交通""智慧食品""智慧供应链""智慧银行""智慧社区""智慧家居""智慧工厂"做出更加可靠的帮助。

数据之源

大数据渴望任何数据，哪怕是错误的数据，对于大数据来说都是一笔财富，比如我们在搜索引擎中搜索"大叔剧"，搜索引擎会反馈这样的信息"您要找的是不是：大数据"（如图 2-9 所示）。

图 2-9　大数据接纳错误信息

这就是大数据通过分析错误信息而归类出的正确信息，因此不管是任何数据都可以从容地进入大数据领域，对于企业 / 行业来说，3D 打印、知识工作自动化、虚拟现实，以及工业 4.0 所涉及的数据都可以成为大数据分析的本源，并为企业 / 行业再度腾飞提供信息支撑。

"互联网＋"的本质和核心其实就是"数据化"，它为大数据提供了非常丰富的资源，反过来大数据也为企业 / 行业提供了准确的发展视角，如果将"互联网＋"、大数据技术嫁接到更多的传统行业，将会如虎添翼，释放更多的数字化红利。

第 5 节　"互联网＋"时代，大数据助力行业加速转型

很早以前，人们对数据没有概念，对于未来的判断更多是靠经验，后来出现了小数据，对于未来的走势依靠抽样调查。大数据的到来，对未来的走势拿

捏得更为准确，而"互联网＋"的强势联合计大数据多领域发展更为便捷。

大数据专家巴拉巴西在《爆发：大数据时代预见未来的新思维》一书中断言："人类 93% 的行为都是可以预测的，在大数据时代，很多新工具可以追踪人类的活动，根据积累的活动数据便可预测一个人或者一个群体在未来一段时间里将要进行的活动。"

直觉的判断快速让位于精准的数据分析，当数据量极其庞大，做出决策的是平台，而不是人，数字化转型的催化剂已经注入传统行业中，改造传统行业的基因，必然能带来全新的业务来源和收入增长。

工业领域的大数据

信息缺乏和模拟时代执迷精确性，传统关系型数据库正是为数据稀缺的时代设计的，因此众多的企业采用结构化的关系型数据库，但是在企业运营中，只有 5% 的数据是结构化，余下的 95% 是非结构化数据，此类数据库也仅仅可以接纳和处理这 5% 的数据，余下的如视频、音频、条形码、二维码、GPS、RFID、工业传感器、工业自动控制系统等信息，传统的关系型数据库无法接纳，更不要说处理和分析。

工业领域，不管是小型的仪器，还是大型的设备，运维人员不可能 7×24 小时不间断守候，需要 RFID 反馈机器的运转状况，视频设备全程记录设备状态和人为干预情况，这些都无法预先设定记录结构，需要非关系型数据库打破记录和预设场域的成规。

大数据对结构性和非结构性数据拥有绝对的海纳能力，基础设施通过传感器每秒数次地探测温度、压力、热能、振动和噪声，对反馈的数据通过建模、仿真技术，得出设备、能耗、事故、质量分析，由此发现能耗的异常，改善生产工艺，降低资源能耗，还可以防止机器失效或者建筑倒塌等极端状况发生，要知道大型化工厂、提炼厂停产的损失要远远超过数据分析所支出的成本。工业大数据每节约 1% 的资源或者提升 1% 的效率，所节省的成本将是以"亿"为单位计算的（如图 2-10 所示）。

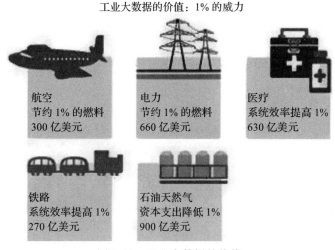

图 2-10　工业大数据的价值

　　工业领域需要快速满足企业需求，僵化的"长流程"，难以满足"实时决策"的要求，流程驱动需要转换为"数据驱动"，只有基于数据的驱动和决策才能让企业拥有更加快速的响应，对宏观态势、个体仿真运行、数据统计分析给出指导。

商业领域的大数据

　　传统的零和思维影响着新商业的发展，提前布局数字化技术能力，创造独特的价值定位，才能形成供应链的产业生态圈。在大数据的帮助下，对商业领域重新洗牌，重新定义品牌，或者诞生更多、更有价值的品牌。

　　分析用户爱好、身份资料、个人信息、浏览习惯，猜测用户消费喜好是大数据最基本的数据加工能力，只有理解了消费者背后的海量数据，挖掘用户需求，才能实现数据的增值。我们知道，几乎所有线上的商业行为都是通过对用户个人信息及消费习惯的洞察或利用来获取商业收益的。

　　商业领域中，数据已经成为一种商业资本，比如一项重要的经济投入，一种可以再造利润的价值工具，甚至是一个新兴商业模式的基石，将数据列为企业的资产负债表只是时间问题。

　　大数据带来的是一个方向，同时还带来了无穷尽的资源和庞大的用户群，商业领域的大数据必然会对传统的商业行为带来冲击，但更多的是带来新型的商业模式和创造新的价值，充分利用会让企业／行业的营销平台更加充满效率。

社会领域的大数据

有人说，某些数据异常重要，需要长时间留存，某些数据会随着时间衰变而失去价值，可以选择放弃。但是对于大数据来说，数据没有重要之分，只有算法之分，即便拿到的数据一样，分析的结果也会有所不同。

乘客购买机票需要留存姓名、联系地址、电话号码、出生日期等信息，这些信息对于公共事业没有太多价值，但是美国国家安全局和美国国家公路交通安全管理局开发了计算机辅助乘客筛选系统，分析和挖掘隐含的特殊危险信息，并判断乘客是否系商用数据库中的危险人物，以此维护社会安全。

每到秋冬季，我国多个城市都会爆发雾霾天气，汽车的限号、限行、限购在一定程度上改善了空气质量，但是雾霾天气依旧会在"不经意间"光顾我们的城市。但是确实是"不经意间"吗？显然不是！

污染才会造成雾霾，这毋庸置疑，如果可以将高耗能企业的生产规模、排放量、周期，以及绝大多数汽车的排量、汽油成分、产生的尾气对空气的污染率等相关数据录入数据库，大数据将会绘制出复杂的高保真预测模型，为进一步的空气质量改善做出预测和方向。

大数据时代产生的作用无可估量，可为抑制全球变暖、消除疾病、促进经济发展、提高执政能力提供指引性策略，数据资产的盘活不仅仅在国家治理、社会领域提供很好的支持，而且在企业决策落地和全面提升个人生活服务上都会起到决定性的作用。

大数据将加速各个产业／行业的创新融合发展，推动组织和社会转型，加强自我持续性创新和发展，迈进更加成熟、更加合理化的新型产业／行业结构。

场景再现Ⅲ：

大数据在很多领域展现出了惊人的威力，找女朋友大数据能帮上忙吗？答案居然也是肯定的。

数学家 Chris McKinlay 是美国加州大学洛杉矶分校在读博士，经历一段不成功的爱情后，McKinlay 决定在 OkCupid 的约会网站继续寻找真爱，随着时间的流逝，寻找另一半的事情毫无进展。

经过一段时间的观察，McKinlay 发现 OkCupid 网站注册时会要求填写相关信息，并回答指定问题，但是筛选潜在约会对象时并没有完全利用这些问题，这导致了配对的成功率非常低，身为一名技术宅，McKinlay 决定改变这一现状。

McKinlay 创建了一个自制的机器人程序，利用伪装的 OkCupid 账号从网站上搜集女性信息，超过 2 万女性、6 万条问题和答案被 McKinlay 汇聚到数据库中，然后利用自己研发的改进型 K-Modes 算法分成 7 个在系统上存在差异的集群，再通过数学模型计算的方式优化出两组女性，然后和最优的女性进行约会。

通过不懈的努力，McKinlay 找到了自己的真爱，28 岁的艺术家 Christine Tien Wang 成为其女朋友，一场大数据引发的爱情就此开始。

交通领域的大数据

这是一个异常沉重的话题！也是不可回避的话题！

中国是世界上交通事故死亡人数最多的国家之一，资料显示，日本的万车死亡率是 0.77，英国是 1.1，加拿大是 1.2，澳大利亚是 1.17，法国是 1.59，美国是 1.77，而我国为 6.2（如图 2-11 所示），是发达国家的 4 ~ 8 倍。

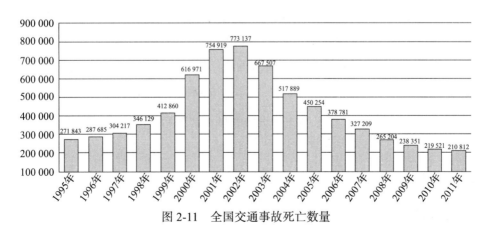

图 2-11　全国交通事故死亡数量

有着"死亡公路"之称的上海崇明陈海公路，常年被交警总队列为年度危险道路进行挂牌整治，但是这一结果在 2014 年发生了改变，上海道路危险路段和事故多发点段道路中，陈海公路已不在其列。

这得益于上海交警总队所主导的"上海市道路交通事故分析预警系统"，路网监控汇集到了大量的信息，通过大数据整理、分析和挖掘，获得了全部的交通流量和交通事故信息，当道路流量达到某个阈值时，系统可以让出行人自动选择或改变行驶路线，避免二次事故的发生。

在路口的信号灯改变了以往的固定时间模式，而采用了智能红绿灯的"潮汐车道"，即通过地面的感应装置实时感应路口车流量变化，再将数据传递到后台，由大数据分析、控制、自动调整信号灯时间，车流量大，绿灯时间延长，车行流量提高。数据显示，四平路—吴淞路这一路段采用智能"潮汐车道"，单向交通流量增加了 25.6%，平均车速提高了 4 公里 / 小时。在死亡率控制方面，上海交警挂牌治理的事故多发路段，交通事故死亡率总体下降 50% 以上。

不仅仅是车流量可以准确掌控，从行人乱穿马路的轨迹和速度，预测穿过马路的可能性同样可以做到，并根据结果做出警示和控制；对于大型集会，可以扫描手机的信号数量，一旦超过预警线，可通过短信、微信等方式提前预警，以避免类似外滩踩踏事件的发生；对于疲劳驾驶，车联网上传到大数据中心，同样可以判断司机的危险驾驶行为。

大数据的核心是预测，通过预测可以很好地把握未来趋势，提前做出正确判断，对大流量交通和降低交通事故率起到防患于未然的目的。

在其他领域大数据的重要程度依旧如此，医疗领域习惯性滞后的官方数据也受到大数据的挑战，第 3 节提到的谷歌公司预测流感的案例并非偶然，尽管预测结果会出现偏差，但是随着数据汲取的数量越来越多，算法的不断改善，准确程度将会以人们难以想象的程度出现。

写在最后

2014 年，"大数据"一词首次进入政府工作报告。随后的一年里，国务院常务会议至少有 6 次提到"大数据"。2015 年 9 月，国务院印发《促进大数据发展行动纲要》，着力部署大数据发展工作。

2015 年政府工作报告将"互联网＋"推到国家战略和行动计划的高度，两者的结合不仅在新型工业化、城镇化、农业现代化方面提供了卓越帮助，对监督执法权力同样如此，大数据让失信市场行为无处遁形，权力释放处处留痕，为形式和未来的判断提供科学依据。

信息领域在发生着翻天覆地的变化，整个社会的思维模式都需要改变和习惯。不要再为今天的犹豫追悔莫及，现在就开始拥抱"互联网＋"，开始体验大数据所带来的冲击。

第3章

云计算，做大"互联网＋"格局

当企业盈利出现危机时；当劳动力密集型和资源密集型的发展模式在信息化社会艰难生存时；当传统企业需要重新改造、升级、盘活和变革，重新占领市场、重新获取利益时；当行业压力触及临界点，企业生存面临分崩离析时，我们会发现转型已经成为新常态。

残酷的事实已经摆在面前，中国经济的发展态势大幅减缓，制造业的盈利能力已大不如前，企业的转型需求从未如此强烈。企业如此，行业转型，乃至产业转型的呼声也在不断提出。

顶层国家战略给了我们答案，"互联网＋"将更多的工具呈现在决策者的面前，人们正在享受新技术带来的前所未有的冲击和震撼，以往难以想象的事情如今已经成为再普通不过的事情，科技让生产、生活快速的运转和迭代，不管是 App，还是商业网站，展现给使用者的始终是最人性、最方便、最快捷的操作体验。

消费者关注前端，殊不知，任何 App，或者商业网站的背后都要有强大的平台作支撑，接下来我们将带你走进一个拥有超级能力、海量存储、绝对体量资源池的神秘领域。

它的名字叫做"云计算"。

第 1 节　云计算，"互联网＋"依托平台

云计算诞生时日不短，但是仍然有很多传统企业，尚未完全了解云计算的真正价值构成，所以谈及云计算之前，先来回顾一下传统企业数据中心运营模式，这里需要提到一个传统数据中心的重要弊病——"信息孤岛"。

难以逾越的"信息孤岛"

传统信息运作模式下，网站、服务、系统、App，需要在数据中心搭建服务器、网络等基础环境，配备 Unix/Windows 操作平台和数据库；为了保证服务稳定、可靠的运行，集群和容灾环境又必不可少，作为重中之重，数据的存储会毫无争议地入驻数据中心，同时为了保证服务、存储、网络设备的长效运行，UPS、冷却系统、监控系统也成为数据中心的标配，这样的部署看似非常合理，但是却浪费了大量的资源。

比如，CRM 服务部署在 Linux 平台，采用 Oracle 数据库和 Apache 的 Web 服务器软件。尽管企业的 Web 系统也可以使用上述资源，但是出于安全考虑，数据中心的管理人员不会将这两个系统集中在同一个系统平台，也就是说 CRM 系统和 Web 系统需要占用两套硬件、软件、系统、存储资源（如图 3-1 所示）。

系统之间、硬件之间、存储之间不存在任何交互和共享，信息和数据以"孤岛"的形式堆放在不同基础架构中，带来的直接负面影响就是信息成本的大幅高企。即便在大型企业，大规模的信息投入、周期性的架构维护，以及难以预测的灾难事件都会在资本领域造成非常大的影响，企业信息中心长期被定格在成本中心的行列，试图将其剥离远非一朝一夕的事情。

一方面，企业希望加大信息系统辅助业务的力度，甚至通过大数据等手段提供决策支持，这无疑需要投入大量的基础和研发力量来加快顶层信息建设；

另一方面，信息支出属于无形资本，动辄几十万、上百万台的设备未必能在短时间内看到实际效果，企业主会削减信息投入。

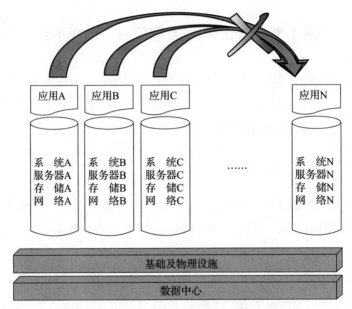

图 3-1　难以数据共享的"烟囱式"数据中心架构

放到几年前，这本是矛盾的课题，随着云计算这个通用平台的迅速崛起，成本和效率的矛盾之争似乎变得更加容易，我们来看一下云计算是如何破解"信息孤岛"的垂直架构难题。

这就是云计算

先来说说云计算，如果云计算在概念进行拆分，那么前者是"云"，后者是"计算"。

所谓"云"，就是将所有的可用资源整合到一起，建设一个拥有超级计算能力的平台，这里部署着几万、几十万，甚至几百万台的服务器、存储设备和网络设备，所有的资源以虚拟和细颗粒的规则呈现在使用者面前，并通过互联网连接上游的资源发放和下游的租赁付费。

拥有了资源和能力，接下来的"计算"就顺其自然了，用户发起计算、服务、存储请求时，不再询问本地数据中心，而是直接面向云数据中心，用户的资源请求也发生了改变，当前资源不能满足应用需求时，向云供应商缴纳额外的费用即可快速地扩展当前的资源瓶颈，它的计算模式可自助、动态扩展，具有非常好的灵活性。

云计算概念看似生涩，但是和我们的普通生活也有异曲同工之妙，不妨看看"生活版"的云计算，这样更加有助于理解。

电，是我们离不开的重要资源，发电厂通过风力发电、水力发电或者核电制造电力（**类似云计算中的资源**），再通过电网（**云计算中的互联网**）传递给每个用电用户，用户按照自身需要通过电卡获取电力（**云计算的按需使用**），如果某一时间段需要更多电力，只要支付更多的资金，购买充足电力即可（**云计算的扩展能力**），至于电力购买可以在自助售电设备上操作（**云计算的自助服务**）（如图 3-2 所示）。

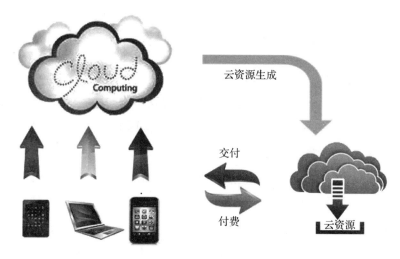

图 3-2　云计算交互模型

云资源的租用就是这样简单，于是面对信息孤岛和数据孤岛，云计算的解决方案会非常快速、灵活，而且对资金来说非常"安全"。

场景再现 I：

每逢春节，返乡、出游的人们就开始"吐槽"12306 网站，慢、卡顿、无法正常浏览网页成为 12306 春运标志，然而，2015 年春运火车票售卖却没有往年的抱怨声音。

12306 速度缓慢的重要原因是，余票查询的访问量占据了 12306 网站的九成流量，余票查询不会涉及机密信息，但是耗费的流量确实非常庞大，如果将这部分流量分流，网站的访问速度是不是会有所改变呢？

2015 年春运，12306 将余票查询系统从自身后台分离出来，交给阿里云来处理，而下单、支付这种"小而轻"的核心业务仍保留在 12306 后台系统上，于是我们看到了新的场景，2015 年春运火车票售卖量创下历年新高，但网站的反应和响应速度没有出现历年的卡顿现象，正常的网页浏览保证了民众正常的购置火车票。

将高频次、高消耗、低转化的余票查询环节放到云端，核心支付保留在本地，这样的云计算模型在很多领域都有所斩获。

云计算，破解垂直架构难题

企业上线新系统，不再需要购置服务器、存储、网络设备，也不需要配备冷却系统、不间断电源、监控系统，只需要选择合适的云平台，勾选需要的CPU、内存、硬盘、网络、操作系统等软硬件资源即可。

新系统运转正常，可以按照月、年来进行续费，随着云计算的发展，RaaS（Resources as a Service，资源即服务）在时间方面进行了更深层的规划，租期按秒来计费，大大降低了用户短期应用成本。一旦系统推广不利，项目下马，企业需要支付的仅仅是租期范围内的资源租赁费用，如果是 RaaS 云，客户在租用基本资源的同时，还可以部署额外容量的"经济代理"，客户可以通过代理将多余资源签约、出售。

对于企业来说，信息项目启动支出需要大量资金，一旦战略出现任何偏差，项目搁浅，那么前期的资金投入将付诸东流。如何最大程度地调用资源，保证资源的最大可用，这是摆在企业 CIO 面前的头道难题。云计算采用租赁的模式，不在本地数据中心产生硬件、网络、基础环境的支出，可以说信息系统不会占用物理资源，不会占据多余信息资源，信息孤岛自然不复存在。

基于资源的思考

"安迪－比尔定律"拿走了大部分计算资源，生产极致计算机也无法满足快速增长的资源需求；大数据的跨越式发展，结构化、半结构化、非结构化的数据生成速度呈现几何式聚变，如何在短时间内汇聚、挖掘、分析数据？

高性能计算、高精准数据交互，需要数百台巨型机的同时运转，这样的行为即便是超大型科研机构也会颇感吃力，市场需要一个新的计算规则来应对快节奏的资源请求变化。

云计算是在并行计算、网格计算、效用计算的基础上衍生出来，对于各种计算模型的优势和运作方式，云计算已悉数掌握，在资源的汲取、分配、回收、管理方面积累了非常多的解决方案，用户可以在通用环节在短时间内获取合适的资源分配。

同时，云中资源异常丰富，有 IaaS（基础设施即服务）、PaaS（平台即服务）、SaaS（软件即服务），在这三个主服务的引领下，BPaaS（业务流程即服务）、DaaS（数据库即服务）、BaaS（备份即服务）、EDaaS（终端即服务）、TaaS（测试即服务）、CaaS（协作即服务）等众多资源涌现出来，让企业和个人可灵活、合理地选择自己需要的资源。

现在，云存储、云点播、云监控已经广泛应用到了企业生产和民众生活中，和大数据一样，云计算已经渡过了技术成熟度曲线。云计算已经落地，未来将是云计算快速进入企业、进入家庭的最佳契机。

依托平台

第 1 章第 2 节介绍过，"互联网＋"是"＋"传统行业，如果行业内的每一个企业都在本地建设数据中心，并且采用垂直架构的物理设备，仅从能耗的角度上讲，这将承担一笔不菲的费用。

2012 年《纽约时报》的记者做了一项调查，调查显示全球互联网数据中心的用电功率可能会达 300 亿瓦特，这相当于 30 个核电站的供电功率。这些耗电并没有完全被利用，超过 90% 的电量都被浪费。仅从碳排放的角度看，传统数据中心与社会进步和发展实际上是背道而驰的，很难体现其所承担的社会责任。

而如今，云计算的"建设阶段"已经完成，存储云、应用云、平台云的应用已经非常完善，接下来就是"惠众阶段"，越来越多的企业，尤其是中小企业希望采用廉价的信息租赁模式部署本企业的信息系统。

在人口红利消失和 GDP 快速下滑的大背景下，企业依靠传统模式来盈利变得越来越困难，企业迫切地希望通过技术手段来焕发企业的生命。建设信息系统可以提高企业运营效率这毋庸置疑，但是系统研发时间较长，从战略角度上讲，或许会失去市场的绝对占有率。快速上线系统，通过系统将业务导向市场，势必成为未来企业择取的重要方向。

"IT 云化"（如图 3-3 所示）可以提供一个灵活且开放的技术平台，云内的资源，尤其是 SaaS 可以在短时间内实现部署，快速体现云的价值投资回报。"互联网＋"依托于云平台颠覆了以往传统的"烟囱式"的垂直架构，打破了技术壁垒，将信息孤岛、数据孤岛等独占式弊病彻底解决，这对于企业提高现有服务，优化 IT 投资，甚至创造新的业务模式提供了技术保障。

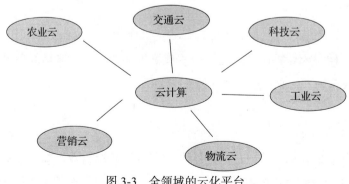

图 3-3　全领域的云化平台

第 2 节　云端引领的信息融合

"互联网＋"催生了创新应用，创新应用诞生初期，基本上保持在应用边缘层，也就是尚不会触及到主流应用的市场和份额。创新应用有这样的特点，要么在短时间内快速消亡，要么迅速引起市场关注，吸引巨量用户，获得大量利润。

事实上，创新引发的利润与风险是成正比的，一旦失去关注，前期的营销投入、信息投入全部付之东流，减少项目投入和前期风险显然是资方最愿意的事。营销模式已经从广泛的、大手笔的、不定向的电视广告，转变为定向的、低费用的"微营销"，营销模式降低了创新应用的风险，如果在信息领域也可以降低风险，那么对于边缘创新和广泛创业有着实际的操作意义。

云计算做到了这些，不同于工业 4.0、机器人、3D 打印，"云"注重跨界融合，能融合所有的行业和产业，云计算在基础架构、平台、即时应用的系统都可以提供，"即租即用"。云计算在多领域发挥的作用重大，提供的解决方案不计其数，而 IaaS、PaaS 和 SaaS 更是被广泛使用。

IaaS 引领基础架构变革

时间回到 2012 年 4 月 10 日，IT 界一条爆炸性新闻在不断蔓延，社交网络巨头 Facebook 宣布以 10 亿美元现金加股票的方式收购移动照片分享应用 Instagram。IT 界的收购行为算是常态，之所以让业界如此震惊，是 Instagram 这家公司只有 13 个人，做 IT 架构的工程师只有 3 名。

如果采用传统方式，购置服务器的硬件设施，搭建安全、可靠的数据中心，会在项目运转前期耗费大量的资金，同时也会让整个团队变得非常臃肿，后期随着用户的增长，千万级别的用户量和数以亿级的照片存储，数据中心的再建设费用需要千万美元的支持。

于是，Instagram 立项之初就采用了亚马逊的 IaaS 服务。

下面我们看一下什么是 IaaS。众所周知，物理服务器的利用率普遍较低，负载较轻的情况下只有 15%～ 20%，将完全不同的服务或者应用安装在一个系统中，在物理模式下很难实现。

通过虚拟化技术将一台物理服务器抽象出多个虚拟系统，每个虚拟系统安装不同的系统软件，部署不同的服务，这样可以将资源利用率最大化；同样的事情还可以运用到存储和网络方面，通过虚拟化将所有的资源整合到一起，形成一个庞大的资源池，资源池中可以包括处理器虚拟、内存虚拟、I/O 设备虚拟、存储虚拟、网络虚拟等众多资源，用户根据自身需要租用必要的资源即可，这就是 IaaS。

IaaS（Infrastructure as a Service，基础设施即服务），从名称上已经很好地诠释了 IaaS 的概念，它是将海量的硬件资源集中到一起，并以虚拟化的形态出现，通过 IaaS 管理平台将不同类别的资源统一管理，并将这些资源交付给最终用户。IaaS 将资源池中的每个资源细化，实现了"最小管理目标"。对于资源的申请和扩展，IaaS 平台有着非常便捷的操作模式，可以根据需求选择合适的配置（如图 3-4 所示）。

我们可以看到，2 核 Xeon CPU、4G 内存、100GB 存储空间、2MB 带宽、预装 Windows Server 2012 标准版 64 位中文版操作系统只需要 359 元，这样的资源配置完全可以满足中小型企业公共网络的配置需求。如果购买同等的配置硬件、操作系统，

图 3-4　IaaS 资源租用

并租用专线，价格要相当于 IaaS 的数十倍，或者更多，同时单一服务器也没有 IaaS 强大的冗余和灾难保护功能。

IaaS 的扩展能力也是非常出色的，CPU、内存、存储、带宽的扩容与减少都可以在网站提供的 Web 平台上进行操作，涉及的附属行为仅仅是费用的增减，以及虚拟系统重新启动这么简单的操作。而这一切全部可以自助的完成，甚至不用管理人员的技术支持。

因此，任何团队、任何公司、任何组织都可以在短时间内获取到需要的计算、存储等资源，对于快速上线项目，为实现"互联网＋"的快速转型提供基础架构保障。

PaaS 汇聚

PaaS（Platform as a Service，平台即服务）处在云架构的中间层，下层接受 IaaS 提供的基础设施等资源，通过 PaaS 进行软件研发，再以 SaaS 的模式将成果交付给用户。

PaaS 平台提供了定制化软件研发和部署的中间件平台，也被称之为中间件即服务。在该平台上包括了软件的设计、程序的开发、应用的部署、测试等多个内容，这些内容都是以服务的形式提供给客户。同 IaaS 相类似，用户不必考虑硬件层面和系统层面，只需要租用 PaaS 平台即可，它的成本支出较之传统模式要节省很多（如图 3-5 所示）。

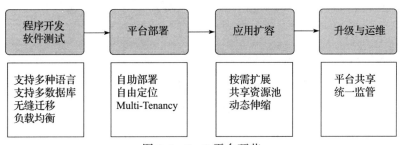

图 3-5　PaaS 平台环节

中间件的种类非常丰富，可以是数据库，也可以是完整的应用程序服务器，还可以是 Business Process Management、消息中间件等，它们或者属于 APaaS（Application Platform as a Service，应用部署和运行平台），或者属于 IPaaS（Integration as a Service，集成平台）。用户可以根据自身需要租用中间件中的任一服务，也可以租用完整、成熟的系统，用户甚至不需要任何编程经验即可使用 CRM、OA、HR、SCM 等系统。

在 PaaS 平台中，也拥有着云计算的重大特征，符合弹性的动态伸缩机制，用户可以根据企业的信息需求增加或减少用户的数量、系统的模块、计算的能力等资源；与 IaaS 一样，也采用多租户（Multi-Tenancy）的原则，同一个系统或者数据库可以被多个用户租用，平台在每个用户间逻辑隔离，数据不会相互影响、相互干扰。

同时，很多云运营商在提供 PaaS 平台的同时，也会提供 SaaS，可以将 PaaS 的产品很好地与企业的应用融合在一起，形成符合企业发展的多元化产品模式。

在 PaaS 平台中，有些运营商提供 PHP 的开发环境，有些提供 JAVA 的开发，有些则是面向 C#，数据库方面或者支持 MySQL，或者是 Oracle，抑或是 SQL Server、MongoDB，应用 PaaS 需要在语言方面、数据库方面做出诸多的考虑，同时还要考虑平台的无缝迁移、负载均衡等能力。

SaaS 快速解决方案

SaaS（Software as a Service，软件即服务），对于用户来说这是最直观的落地方式。

SaaS 平台供应商在互联网上部署了应用系统，并将这些系统向公众开放，客户可以租用其必要的应用系统，并根据使用时间、用户的数量、服务的等级缴纳一定的费用来获得这些应用系统的服务。

SaaS 通过 Web 浏览器提供相关服务，用户只需要拥有一台可以连接互联网的计算机或者其他移动设备即可顺利的接入，实现了多点办公的要求。对于 IT 人员来说，前期省去了复杂的服务器、存储、软件许可证的购置，免去了应用系统的部署与测试等环节，后期的维护全部是由 SaaS 平台供应商来完成，减少了维护的难度。

在传统信息系统部署模式中，需要耗费大量的人力、物力、财力。以企业最常使用的 ERP 为例，它的部署、测试通常需要 1 ~ 2 年的时间，如果项目失败，将会面临数百万元的损失；而通过 SaaS 来部署，可以将前期工作压缩到 100 天以内，由于 SaaS 平台供应商已经处理了很多相关的案例，面对棘手的问题有着各种各样的解决方案，从部署到实际应用的过程会非常顺利，一旦项目不适合企业的当前业务发展，它所造成的损失也只是 SaaS 租用的费用，相对于传统的软件购置费用要少之甚少。

对于客户普遍关心的费用问题，SaaS 全部囊括在内，硬件、系统的使用费用自然也包括在内，它还囊括了应用软件许可证费、平台的维护费、应用系统的技术支持费，使用 SaaS 避免了所有的版权纠纷，有些 SaaS 平台供应商提供了更加人性化的付费模式——月度租用费，这更加减少了企业在信息支出方面的风险。

所以说，通过 SaaS 减少了很多基础设施、软件、系统的投入，降低了企业在 IT 方面的支出，减轻了企业总体拥有成本。同时，SaaS 平台成熟的系统也使得企业可以迅速地进入信息服务的角色，通过信息系统提升企业的办公效率，可以使客户更加专注于企业本身的核心业务。

SaaS 与"互联网＋"有着先天的契合，这得益于 SaaS 成熟的架构模式和丰富的应用，SaaS 也是很多企业首选的云计算落地的首先方式。

在业界有句至理名言——"不上 ERP 等死，上 ERP 找死"。

ERP 凭借其标准化管理模式串联生产、仓储及财务等多个环节，通过高效的数据流转替代低效的、手工的、单一的管理模式，能够去除企业发展瓶颈，提高管理水平，手工管理显然不切合现代企业的发展，不上 ERP 无疑是等死；然，ERP 造价太高，动辄数百万元的投资很容易拖垮企业，同时企业生存氛围、管理理念都会随着信息化的投入而有所冲击，即便是异常出色的系统和软件也很难在所有企业中顺利铺开。一旦失败，企业在 ERP 的应用会骑虎难下，百万级别的"非回报"投资会让企业信息化步伐变得缓慢，上 ERP 找死，不足为过。

"以租代购"是 SaaS 的重要特征，企业可以在众多的 SaaS 供应商中，评估并选择适合本企业的产品，并通过支付少量的资金来获取系统的使用权。系统成功引入，只需要按时间继续缴纳费用即可，一旦失败可以迅速放弃该平台，企业损失的仅仅是少量的租赁费用。

SaaS 灵活性很出色，非常适合企业进行高风险、非证实的信息系统投入，IaaS、PaaS 也同样如此。三大服务模式在理念上略复杂，如果对称到生活，似乎或许更加容易理解。

场景再现 II：

OA（办公自动化）、HRM（力资源管理）和财务软件是现代企业的标配，以往都是存放在本地数据中心，由企业 IT 来打理。

而如今？

企业的 CIO 再也不愿意购置服务器、存储、网络这些关键设备，也不希望购置 UPS、冷却系统这样的配套设备，更不希望支付没完没了的开发费用，如今的一切都迁移到云端。

基于 SaaS 的云计算，只需要配置企业的组织架构、建立用户、配置权限，然后就可以进入测试环节，随时发现问题随时更改。快速渡过测试期后，系统会立刻上线，100 天的时间完全可以保障系统的顺利过渡。云计算所带来的效率、力量不可想象。

云服务就是这样简单

从概念上介绍云服务会有些生涩，用生产、生活的案例来介绍云服务将更容易让大家理解，也更加方便地选择适合的云计算。

"盖房子"应该是老辈人都经历过的事情，即便是盖一间简单的"平房"，这样的流程也是需要的：

- ❏ 租用土地
- ❏ 设计房屋
- ❏ 清理渣土、打地基
- ❏ 建筑房屋
- ❏ 安装配套设施
- ❏ 装修设计
- ❏ 购置材料
- ❏ 房屋装修
- ❏ 安装生活设施

❑ 安装娱乐设施

❑ 安装智能设备

❑ 定制个性化生活

传统的盖房行为就是按照流程逐一完成所有的事项，这如同采用传统的数据中心，所有的事情都是亲事亲为，耗时费事不说，耗费的财力也是相当可观的。

云计算的 IaaS、PaaS、SaaS 提供了费用方便、易用的解决方案，下面这幅图更容易让我们理解这三种计算模式（如图 3-6 所示）。

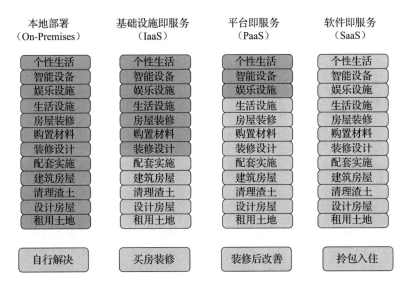

图 3-6　装修领域的"云服务"

这样的解释应该非常清楚了。

❑ 在商家提供房子的基础上，自己购置材料，自己装修，那么选择 IaaS。

❑ 商家提供装修好的房子，在这个基础上购置床、沙发、家电等生活用品，那么选择 PaaS。

❑ 拎包入住，那么选择 SaaS。

云计算和住房相类似，需要什么选择什么，就是这样简单。

第 3 节　云生态系统，云 - 网 - 端优势模型建立

假如我们购买一件商品经历了 3 级供货商，那么，仅仅从物流和供货商利润的加成分析，我们实际上在为别人的工作买单。尽管这期间有很多市场行为，但是作为消费者，我们没必要知晓，也没必要支付不必要的费用。

于是，市场行为在不断简化，F2O（工厂到消费）的经营模式已经浮现出来，云计算何尝不需要这样的行为呢？！用户希望云整体运营模型拥有至简的模型，"云 - 网 - 端"正是在市场行为的运作之下形成的优势模型。

云

毫无疑问，这里的"云"就是云计算、云平台。但这里的云，又和传统的云计算不太一样。

云计算带来了 IaaS、PaaS、SaaS 等服务，低成本、高效率的特点让云计算快速注入企业信息运营领域。在前期运营中，企业或许只需要 IaaS 来辅助业务。随着云应用的深入，企业或许需要更加成熟的 PaaS 平台，或者采用应用更加繁多的 SaaS。

此时会出现两种极端，一种是企业内会出现不同的云服务、不同的云供应商、不同的品牌；另一种可能更为恐怖，企业 IaaS、PaaS、SaaS 均采用同一家云供应商，那么将会出现被云供应商绑架的迹象，也就是说云供应商出现技术、经营方面的障碍，整个云服务都会出现停滞或者中断，这将对企业运营造成致命的信息打击。

如果构建云生态体系，如同淘宝、京东等电商平台，整合 IaaS、PaaS、SaaS 等全领域资源，并为用户提供一站式云服务。这样，使用者、合作伙伴、运营商等上下游产业链通路被全部打通，使用者可以在众多的云服务中选择适合自己的产品，即便一个或者数个云生态体系内的服务商关停，平台可以自动切换到其他服务中。

被"服务绑架"的状况更加不会存在，因为云生态系统并非一家之言，需

要在一个成熟的标准框架内，建设适应性系统，整个框架不会因为单一服务商的技术链或成本链而垮台。

云生态体系，将是下一代的"云"端的代表。

网

云端和用户端的交互需要传输介质——互联网，网，是指"互联网"！

是，又不完全是。

这是狭义上的互联网，广义上讲，互联网还包括移动互联网、物联网、车联网等。用户端的手机、智能设备、车载系统都需要网络的支持与承载，这是毋庸置疑的。但是网络并非只是简单的连接，还需要保证用户的体验和多样性的接入。

用户体验是首当其冲的，云平台的访问速度需要至高保障，由云供应商自身原因导致的卡顿等运行故障是绝对不允许的。如今 100GB 的网络已经非常成熟，云上响应速度和在本地处理的速度要相差无几。

二是要提供多样性的接入方式，光纤、同轴电缆、Wi-Fi、WiMAX、GPRS、3G、LTE、卫星、微波、激光等满足了现实中不同的环境和场景，现如今 Li-Fi 和量子通信，也为网络接入的未来提供了无限的想象空间。

网是难以撼动的中转介质，保障网络的最高体验，对于云计算的运转有着至高重要的战略意义。

端

端，是云计算仰仗的最重要的一部分，失去端的策应，即便云内有丰富的资源，提供高速的网络，也如"浮云"一样，"端"才是云计算的核心，云生命力的基础。

端，指的是终端、可穿戴设备、传感器。终端有笔记本电脑、台式机、智能手机；可穿戴设备如今非常广泛，主流的产品形态包括手表、腕带、鞋、袜子等产品，以头部为支撑的眼镜、头盔、头带也在不断丰富，智能服装、书包、拐杖、配饰等各类非主流产品形态也不断丰富着整个市场；传感器则更加丰富，智慧家居、智慧工厂的众多 RFID 设备，依靠物联网将物理的信息不断汇聚到云端。

不管是哪类产品，都需要建立数据中心、信息系统、App，或者是轻量级的网页、微信公众号，来保障数据的交互，本地部署需要考虑的因素太多，耗费的精力、财力也是很多创新创业者所不能承受的，后期运维也在不断考验数据处理能力和经济。

云计算为云端提供了丰富的、廉价的，以及快速响应的资源和服务，让用户不需要担心原始投入，只需要将更多的精力专注于自己的产品和核心业务的发展，这让成功的门槛大幅降低，云生态系统已经成熟，配合大数据的处理、数据挖掘、垃圾数据的识别和处理等关键技术，通过核心数据获得态势感知成为可能，这是云计算对整个价值链做的贡献。

技术进步的步伐将使产品性能发生演变，"云 – 网 – 端"的优势模型已经建立（如图 3-7 所示），厂商和企业用户之间的渠道更趋扁平化，找到自己在云生态中的角色，更加有利于企业信息战略的快速落地。

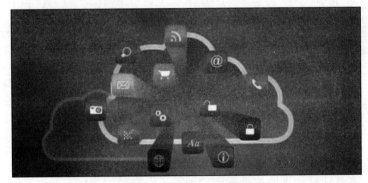

图 3-7　云 – 网 – 端模型

第 4 节　云创新，加速"互联网＋"落地

在北欧，行驶在田间公路上，忽然出现的巨大的奶牛会让人非常新奇。数个小时之后，即便是看到更大的奶牛也不会激发起多大的兴趣。但如果突然出

现一头紫色的牛，哪怕这头牛小得可怜，也会让人铭记在心。

这就是"紫牛论"——独特性在思维定义中的重要程度。

生活如此，企业运营也如此，更何况很多企业运营和生活息息相关。创业者需要找到让人耳目一新的"紫牛"，企业的 CIO 也需要在云创新中找到适合本企业的关键架构，这对于企业向云端转型，加速企业信息化的快速落地有着非常切实的意义。

在 IT 运营过程中，企业的信息需求绝非单一，需要云平台可以提供更加有针对性的，且多样性的服务，"一切皆服务！"这是云计算最理想的服务运作模式，所有的服务均可以通过云平台交付给用户，基础设施即服务（IaaS）、平台即服务（PaaS）、软件即服务（SaaS）已经非常成熟，但是依然会有一些服务是三大核心服务所不能企及的，XaaS 正是三大服务的最佳衍生方向，它是多领域的无缝贴合。

BaaS，备份即服务

IaaS 提供了全方位的资源租赁，包括 CPU、内存、存储、操作系统等软硬件资源，但有时用户仅仅需要备份数据，那么 CPU 和内存显然没有多大的利用价值，假设云平台可以提供独立的备份服务，那么将会为用户节省无用的资源付出，同时可以让备份进程快速上线。

BaaS（Backup as a Service，备份即服务）即可为用户提供弹性的、定制化的、灵活的备份机制，对于重要的结构化数据，BaaS 可以将数据分层存储在多个安全的数据中心内；对于视频监控、培训资料等非结构化数据，可以采用低等级的备份策略，降低备份成本，满足差异化需求。

唱吧在创业初期就锁定云服务，曲库、照片等庞大的非结构性数据存储在阿里云上，云端提供的 OSS 和 CDN 保障唱吧对稳定性和速度的要求，而唱吧将焦点放置到产品的创新和用户体验上即可，从而减轻了早期部署和后期运维的巨大压力，专注于开发可以保持产品在行业的领先姿态。

对于企业来说，有时仅关注单一服务架构，假如企业仅仅需要备份某些关键数据，完全可以选择 BaaS，这要比 IaaS 更加容易实现，费用也更加低廉。

场景再现Ⅲ：

对于上班族来说，编辑 Word、Excel、PPT 司空见惯。

以前的做法是这样，上班时间没有编辑完的文档拷贝到 U 盘或者发送到邮箱，回家继续编辑，随身携带 U 盘是上班族的标配之一。

现在呢，越来越多的人放弃了 U 盘这个传统的传输介质，取而代之的是将资料、文档都放到云端，百度云盘、360 云盘、华为云盘成为文件聚集地，需要查看或者编辑时，只需要连接网络就可以在线操作，任何时间、任何地点、任何设备都可以随意进行。

当然，手机 App 也可以同步查看／编辑所有文件，在火车上，在旅途中也能完成相应的事务，云存储带来的便捷性已经深入普通民众。

BPaaS，业务流程即服务

企业内部的运营链条和上下游企业之间的产业链条如果能通过平台融会贯通，那么产品的生产模型建设、调度管控、品质检验、市场投放、战略营销、财务回款、绩效评估、生产再造便可以进行全流程的数字化管理。

BPaaS（Business Process as a Service，业务流程即服务，如图 3-8 所示）即是从顶层模型出发，采集、加工、存储、输出、分析业务流数据，并应用到企业业务环境中，这为企业快速流转产品、回笼资金、促成 F2C 的最佳业务链提供路径支撑。

EDaaS，终端即服务

4G 网络使得移动互联网得以真正爆发，移动端的流量、用户数、App 应用都呈现出快速增长的态势，作为移动端最为重要的交互工具——手机，也逐渐从通信模式转化为收入模式，用户购置终端的目的不再只是为了通信，而是为了获取更好的服务。

EDaaS（End Device as a Service，终端即服务）将终端定位于信息服务产业链的最终节点，在整个 EDaaS 平台中，终端运营商（或称之为应用集成商）同时拥有终端和门户，通过不断培养用户消费习惯和支付模式来获取利润。对于用户来说，只是消费习惯的转移，在众多时候还享受较大的优惠，EDaaS 未来的发展前景会持续走高。

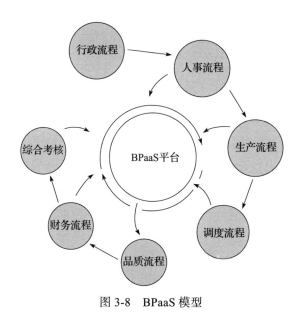

图 3-8　BPaaS 模型

移动互联网和云计算的结合造就了更多的奇迹，第 4 章我们将更加详细地介绍移动互联技术。

SaaS，安全即服务

同样是 SaaS，这里的 SaaS 是指 Security as a Service，安全对于很多企业来说非常重要，企业内部往往会部署反病毒软件、反恶意软件、反垃圾邮件程序、入侵检测系统、入侵防御系统，但是这些往往并未覆盖安全领域的所有环节。监控系统、网络、存储日志、网内漏洞扫描、危险行为取证……这些同样需要关注。

SaaS（Security as a Service）采用了安全管理的外包模式，将产品和服务整合到一起，交付给用户，通过 Web 可视化管理，实时了解任务内部管理、安全环境和正在进行的活动，并可以得到更加专业的安全指导和更加透彻的风险警示报告。

TaaS，人才即服务

企业内部拥有 IT 团队，即便是精英组成，也难以应对所有的信息需求，人才即服务网罗大量的业界高手，可以在任何时间雇佣任何技术、任何工作频率、任何时间段的工程师或者团队。微软公司在保持 10 万名常驻员工的基础上，每年按照项目需求雇佣高达 5 万人的自由职业者，这就是 TaaS 一个很好的案例，国内的猪八戒网，也向市场不断地输送多领域的人才和解决方案。

如今，硬件厂家在 IaaS、PaaS 层面投入颇多力量，互联网企业则重点突破 PaaS 和 SaaS 服务，在这个混合演进、跃升的过程中，更多、更新颖的云服务被激发出来。云供应商的服务和交互模式更加细化，用户在不同维度的选择也变得多样和具有针对性，定制化的服务模型对于企业快速上线起到了推波助澜的作用。

云供应商在不断地衍化生态模式，"紫牛"已经诞生在用户的视野里，是不是自己感兴趣的品种，"红牛""黄牛"是不是也会不断催生，云创新给出的答案是肯定的。

云创新带来了新的社会价值和商业利润，甚至创造了新的产业，云创新让用户的选择更加丰富，也让中小企业有了更多发展和腾飞的机会，他们不再需要将无谓的时间和财力浪费在基础资源的建设上，利用云可以快速响应，能与大公司站在同一起跑线上，拥有和大公司一样的基础技术能力，去做他们想做的创新。

第 5 节 "云 +"组合，低门槛、快推进的急速跨越组合

当云计算遇到"互联网 +"会发生什么？

会为传统行为做出全新的解决方案？会形成新的生态系统？会提供一站式服务？会让门槛更低，还是落地更加现实？

没错，所有的答案都是 Yes！云计算可以为各行各业提供一站式的最佳解决方案，低门槛也让更多的行业、企业参与进来，并享受着既得利益。互联网公司在吸收、消化、应用新技术方面有着绝对的优势，他们是云计算的主要应用者，但广泛采用云计算的互联网公司并不是我们要说的重点，"云＋"组合的应用，我们注重思想较为老化、行动较为迟缓的传统行业。

＋环保

2015 年入冬，"东方饺子王"着实火了一把，这得益于流行歌曲中的一句歌词"天空飘来五个字"，还有一个重要的因素就是"雾霾"（如图 3-9 所示）。

图 3-9　雾霾下的霓虹灯

"雾霾"在 80、90 后的儿时记忆中是没有的，但如今的恶劣环境硬生生地把"雾霾"变成了耳熟能详的流行词语，难道对雾霾的控制真的那么难吗？

未来世界的展示全部是在大数据的背景之下，大数据的到来让数据挖掘成为现实，智能设备和物联网的迅速发展，让数据的采集变成可能，再通过云平台的超级计算能力分析 PM2.5 数据地图、污染传播与演化过程、关键污染物特征等核心信息已经成为可能。联想智慧环保云（如图 3-10 所示）通过找寻污染物的关键点，对于环境监控与执法、消除污染物、城市整体空气质量有着事半功倍的效果。

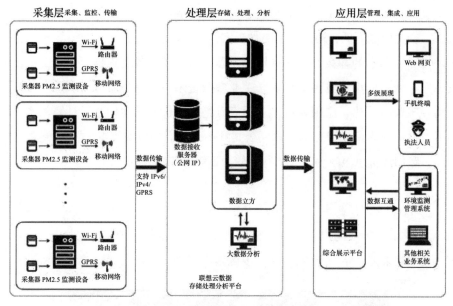

图 3-10　云计算下的环保处理机制

　　没有数据分析，大数据将是一个沉重的负担，因为光是采集和存储数据就需要耗费很多人力资源和时间成本，而采集到的数据不经过分析就无法给行业带来红利，尤其是数据过于庞大时，即便是最高性能的刀片服务器集群也很难完成庞大模型的演化与分析，只能依靠云计算的超级计算和处理能力。

　　未来，环保、气象、勘探等众多行为会生成异常庞大的数据，大规模数据处理行为将成为常态，云计算的超级处理能力正是解放数据压力的最好工具。

＋农业

　　我们周围有农业文明、工业文明，还有互联网文明和移动互联网文明。互联网文明和移动互联网最容易接触到高新技术，急速发展没有实质的阻碍；工业文明依靠产品的领先技术和广泛的渠道，串联上下游的供应链，其发展也没有绝对的羁绊；唯独农业文明在不断地探索和变革其未来的发展道路。

　　同比其他国家，我国农业并没有落后多少，但是完全依靠农业生活的老辈人却很难踏入到富裕人群中，挡在农民面前的是市场，是渠道。

F2C，从工厂到消费者，中间省去了物流费用，没有任何经销商的参与，价格可以按照出厂价交付给消费者，这是最理想的运营模式。事实上，农业也可以拥有这样的领先平台，农产品可以实现从"田间"到"餐桌"，并保持全程透明化，会让消费者买得舒心、做得放心、吃得开心。

云计算＋农业，是利用云计算搭建农业生产、加工、销售等产业链融合的平台，很多电商平台能在一些环节实现农产品的高效销售，事实上"云＋农业"的平台搭建并不复杂，真正复杂的是农业云的业务下沉。

"互联网＋"框架下的农业云需要提供更多的价值，农业发展的顽疾，一是老一辈的农业从业者对新科技操作困难；二是农产品附加值难以体现。解决此类顽疾，首先需要云平台提供最佳的线上／线下体验，通过 App/ 微信等移动端的工具要让"零"使用经验的操作者都可以快速上手，其次要通过平台为农产品建立品牌优势，如同三只松鼠、獐子岛等品牌，做成耳熟能详，且拥有市场价值的产品。

简单操作让产品上线，并获得品牌优势，可以让农业从业者的收入得到显著提升，但"互联网＋"引领的云计算提供的并非这些，大数据的注入提供了更加精准的分析和预测，历年的天气状况、产品的销售走势、单位成本与单位产量的关系、基因组测序方向与结构都可以通过大数据计算出来，并获知未来的市场形势；物联网设备的全面监控，使得大棚温湿度等环节控制可以依靠云平台、物联网、大数据进行自动化控制，减少人工的参与，提升农作物的整体管理能力（如图 3-11 所示）。

云计算改造着农业产业价值，也提升了从业者的生活质量，农业云的发展会逐渐壮大。

＋物流

在中国，物流成本占 GDP 的 18%，而在美国等发达国家仅占 8%。物流成本太高已经成为不争的事实，大数据给出的结果非常直接：我国物流的效率太低，公路上的货车有接近 40% 是空跑的，考虑到数万亿元的 GDP 值，这样的浪费简直是天价。

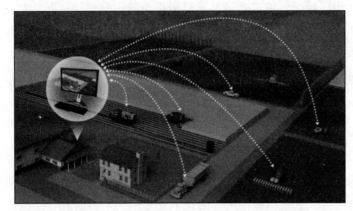

图 3-11　吉林省伊通县基于云计算的农业管理

货车空跑意味着收入的降低，任何一个司机都希望每次运输都满载而归，然而现实很不乐观，司机没有渠道获得物流信息，大量的空跑行为充斥在高速公路、省道、乡道之上。

建立云平台，囊括物流公司、货运信息、行业协会、管理机构等资源，还需要将行业媒体、法律法规融合到云物流资源池内，云平台汇聚各类物流机构、枢纽中心的信息，并发布给最终的物流端点——司机，标准的作业流程、全领域的业务覆盖、智能的决策支持、完备的流程走向，让信息更透明、更快速的交付，并且拥有媒体问责机制和法规的约束，促使货物流转环节高效运转。

"互联网，包容、开放、共享"，"云计算，超强、灵活、易扩展"，它们的结合改变传统物流的弊病并不困难，云平台的建立不仅可以有效解决"空跑率"，还可以规范物流的各个环节，做到这些就认为是"云计算＋物流"或者"互联网＋物流"，似乎还为时尚早。

零售业的 F2O（从工厂到消费者），农业的从田间到餐桌，都有一个起点和一个终点，物流行业也是这样，起点就是庞大的物流库，目前 5 ～ 12 米的中层物流库较为普遍，如果仓储需求较大，30 米高的高层物流库也是存在的。只要涉及仓储，货物的堆放、落地、装配在所难免，一次落地在成本和效率方面是有优势的，这需要工业 4.0 时代的机器人等设备完成货物的快速、准确、规矩的堆叠，需要物联网实时标记货物区域，任何一次调用都可以迅速地找到。所以现代物流业不仅仅是物流内部的平台建设，而是要站在全产业链的高度来建设整个供应链体系，让货物可以用最少的交接、最短的路径来完成转移，这才能真正发挥云计算本质。

云计算从根基、在途、终点等多个环节解决物流顽疾、拉低物流成本，结合大数据、物联网和工业 4.0 等领先的"互联网＋"技术，物流成本在 GDP 的占比将会呈现更加优化的状态。

＋制造

在过去的几十年中，很多传统企业依靠较低的毛利率挤走了众多国际公司，而如今的市场环境变得异常复杂，企业需要保持合理的利润水平，但是又不能破坏行业价值，传统的运营行为在当下已经行不通了，"改变"成为多数制造业未来发展的必经之路。

制造业通常会有大量的员工，转型会面临着各种各样的问题，方向或者战略的失误会直接终结企业的生命。"信息辅助业务"让大量的信息系统入住企业信息平台，但是缺少长期的、整体的信息规划，有些系统已经成为企业信息化进程的累赘。试问一下，员工更愿意使用移动 OA，还是基于 B/S 架构的传统 OA？

"现代企业需要智慧的成长！"

移动互联是未来企业的发展方向，还有一个必经之路，那就是数字化管理。设备监控技术和物联网技术的大肆应用，让企业逐渐深入到以往不能触及的领域。通过 MES（生产制造执行系统）、FMS（柔性制造系统）、在线控制与管理系统的集成建立全新的生产控制数字化；CAM（计算机辅助制造系统）和设备安置及基建跟踪建设实现生产设备数字化。

企业核心数据每日会以 TB 为单位进行增长，本地数据中心存储如此庞大的数据，逐渐力不从心，更谈不上大数据的提取、挖掘和分析，云计算通过集中化、虚拟化、标准化、动态化、弹性伸缩的基础架构和服务，可以依靠其超级计算和存储能力接管企业核心数据。

新技术为驱动智慧的成长提供了契机，数据感知、物联网、云计算、智能分析，逐渐成为促进企业持续创新的技术来源和动力支撑，通过方法论和大数据的支撑，制造业具备了前瞻性、先进性、整体性等重大变革，配合第三方合作伙伴和外部资源建设，重新建立战略合作管理关系（如图3-12所示）。

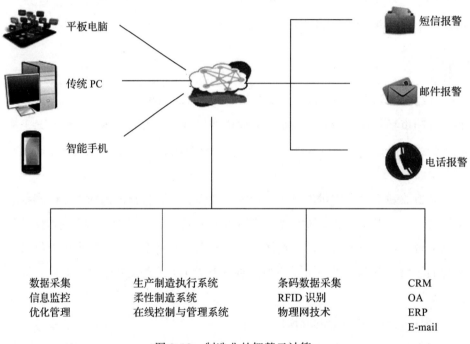

图3-12 制造业的智慧云计算

＋服务

国家老龄化进程，法国用了115年，瑞士用了85年，英国用了80年，美国用了60年，而我国只用了18年（1981～1999年），而且老龄化的速度还在加快（如图3-13所示）。

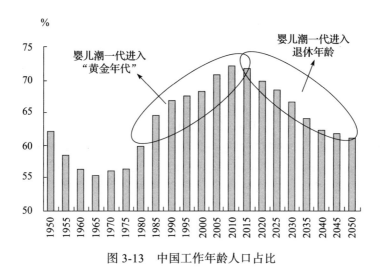

图 3-13　中国工作年龄人口占比

　　80 后一代人已经度过了人口红利的黄金时代，而后的数十年里，红利将呈现指数级下降。多数 80 后正在经历着"4 ＋ 2 ＋ 1"的家庭结构模式，也就是四位老人，夫妻双方，还有一个孩子，再搭上延迟退休的社会步伐，"上有老，下有小"是 80 后普遍面临的窘境。

　　未来，赡养老人、抚养子女一是借助于服务业，二是依靠科技力量来解决实际的困惑。

　　比如，家中有行动不方便，或者是空巢老人，我们会担心他们的生活起居，通过老人携带的各类传感器，利用物联网技术可以实时地监控老人的生活状态和身体机能，并在发生危险时，自动将信息传送到云健康监控平台，并向亲属和医护人员报警。

　　以信息化为驱动基础，通过物联网进行家庭护理、个人健康等数字化、无线化、移动化管理，需要汲取传感信息数据、业务数据、日志数据、交换数据等大量信息，云计算在这里扮演一个重要的信息汇聚和处理的角色。正是通过云服务，大规模处理能力可以监控和定位我们需要感知的敏感信息，保证老人和孩子拥有一个良好的健康生存环境。

　　这是未来服务的一个缩影，通过云可以打通不同的服务渠道，云社区以住宅小区为平台，利用"互联网＋"、云计算、物联网，将智能楼宇、智能家居、智能安防融入到整个社区的物业服务、社区管理、城市生命线管理、食品药品管理、家庭护理、个人健康等增值服务中。

从家庭生活的角度，云社区可以对监控系统、门禁系统、消防系统、停车场、电梯实现远程智能化管理；社区内居民的网上购物、在线订餐，以及社区内的其他商业行为，都可以通过电子商务平台进行快捷付费和足不出户的采购，这些都可以提高我们的生活质量，降低"4＋2＋1"家庭成员生活层面的压力。

写在最后

行业整体环境不景气，企业的盈利能力下降，决策者急需要新的战略方向来再造企业，"互联网＋"站在国家战略的层面，为传统企业找到了新的价值取向。云计算作为"互联网＋"依托平台，吸引了不同行业、不同领域的企业和组织。

随着云计算的发展，低廉的成本、灵活的反应、高速的处理彻底颠覆了传统数据中心效率极低的垂直架构体系，应用部署在云端，已经在很多企业达成了共识。随着云计算的应用越来越成熟，以大数据为代表的关键决断能力，以物联网为代表的信息汇聚能力，以移动互联为代表的快速响应能力，……，它们正在给云计算的业务下沉提供最坚实的保障。

近几年，云计算在企业和组织的落地效果非常明显，企业和组织入驻率不断提升，它的发展将会随着企业信息化的大潮不断攀升。

4

第4章

移动互联，畅行随心所欲

截至 2015 年 6 月，中国网民规模接近 7 亿，手机网民数量达到 5.94 亿！如今，这个数字还在不断攀升，不用费心介绍，我们也知道这是一笔财富。

更加令人兴奋的是，这仅仅是我国的网民数量，全球网民数量更为庞大，2015 年年底全球网民数量突破 32 亿，约占总人口的 45%。互联网带来了全球性的资源，新兴行业利用这些资源创造了新的盈利能力，以往未曾想到的服务，未曾出现的行业，现在犹如雨后春笋一样闪现到我们的视野，互联网的渗透能力可见一斑。

当然，全球性的资源也带来了全球化的竞争，传统行业巨擘也难逃互联网的革新，不断有企业、行业倒在了互联网的发展路径之上。尤其是移动互联网的出现，信息传播的速度要远超任何信息流通渠道，移动互联网正在将行业进行更加深层的洗牌。

二十年前，传统行业失去了与互联网的深度结合，丧失了高速发展的机会，二十年后，如果没有抓住移动互联网的发展契机，未来的发展或许不仅仅是失掉发展机会，也许会造成企业 / 行业的没落和失败。电子商务冲击传统商业环境，已经给企业的决策者敲响警钟，企业传统的运营体系边界在迅速失效，是墨守成规，还是别开蹊径？

现在到了企业管理者决断的时刻了。

第 1 节　指尖上的移动互联

手机只是通话工具的时代早已过去，如今的手机是手表、照相机、摄像机、麦克风、录音机、感知、交互等跨界设备的集大成者。

随着 3G、4G 网络的高速发展，通信设备增加了"互联网"的标签，手机的移动应用特性被充分激发出来，人们通过手机和网络可以在移动端做到更多的事情。

移动办公

尽管很多人讨厌在休息时间处理工作任务，但是大多数人仍然无法逃脱休息时间的电话骚扰，也逃脱不了 E-mail 的邮件轰炸、OA 系统审批流程，或者在企业通信平台解答相关疑问。既然逃脱不了，不如坦然面对。

同样的事情，如果拥有更加方便、更加易用的解决方案，相信很多人会采用简单的处理模式。笔记本的移动性优于台式机，于是笔记本的优先选择度逐渐超过台式机，但是笔记本仍然不能随时随地处理相关事务，因为笔记本的体重依旧很大，不能随时随地带在身边。

Anytime（任何时间）、Anywhere（任何地点）处理与业务相关的 Anything（任何事情），3A 是快节奏办公的需求，这些笔记本显然无法实现（如图 4-1 所示）。

手机的出现解决了异地通信难的问题，通过手机实现了语音的请示、口头的审批，这样的审批局限于临时性、紧急性、非重大事项方面，因为语音的传递没有文字性的追溯记录，很难在所有场合、所有事务中使用。

随着智能手机和移动互联网的发展，电子邮箱的实时信息传递，App 的移动流程审批，无障碍的即时通信，让企业内部的业务流畅通起来。移动端让企业的视野更加广阔，上下游的产业链条会随着移动端的深入或者打通，或者即时参与，线上和线下的互动可以让企业的发展更加多元化。

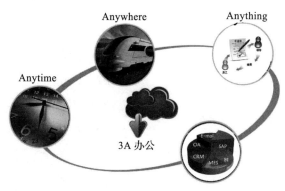

图 4-1 3A 办公需求

移动生活

乘坐地铁、公交车等交通工具，我们会很自然地拿出手机刷屏，善于微信宣传的商家会频繁地更新订阅号，并推送到用户的客户端；团购网站会将近期优惠活动通过 App 推送到用户手机；旅游网站则会将优惠力度最大、最吸引眼球的路线和价格第一时间呈现在用户的客户端上……

即时信息推送减少了用户在海量信息中的检索，也为用户带来了最有力度的优惠，我们姑且不谈商家在营销环节所采取的策略，仅仅从普通用户角度看一下移动互联对我们生活的影响。

比如购物，"薄利多销"这个历经千年的优质营销模式，如今被商家重新演绎。"团购"让消费者用更少的钱，获得商家提供的完全一样的服务。移动互联和团购 App 的盛行，贯通了线上 / 线下的交互渠道，即便到了一个陌生的地方，也可以最快地检索到最近、最廉价的住宿和美食，以往的商业运作模式被彻底颠覆。

现在，我们再来看看商家在这里得到了什么。商家不是慈善家，任何行为都是以为盈利为目的，我们看到的是价格低廉的促销活动，而商家却看到我们背后的消费习惯。

依旧是我们熟悉的团购网站，团购网中有我们熟悉的电影票团购，用过"百度糯米"的朋友一定会知道"超级星期六 6.6 元看电影"这个促销。这个价格非常有优势，身边的很多朋友都通过这个"超级星期六"活动，看到了廉价的电影（如图 4-2 所示）。

图 4-2 糯米团"超级星期六"活动

接下来的事情似乎顺理成章了，看电影这么便宜，别的团购会不会也更便宜呢。于是，糯米团其他团购行为在逐步上升，这是消费行为的建立和转移，商家利用"单点"促成一个体系。类似这样的行为不胜枚举，打车软件改变招手即停传统叫车服务，微信击溃传统短信服务，钉钉颠覆传统移动通信，更是广大消费者熟知的，这不必多言。

移动互联全面入侵我们的生活已经是不争的事实。

场景再现 I：

有这样一个笑话：

金角大王将宝葫芦倒置，喊了一声："孙行者"。

悟空应了一声，嗖地便被吸了进去。

金角大王查看时，里面除了孙悟空，还有行者武松、孙权、六耳猕猴、金刚等熙熙攘攘一千人。

金角大王惊讶道：只喊孙行者，怎么来了这么多。

这时宝葫芦开口言道：这都是你"可能感兴趣的人"。

对于"感兴趣的人"，相信用过 QQ、微信等即时通信的小伙伴们，会经常通过这个功能添加好友，朋友圈像滚雪球一样越来越大，尤其是微信，很多小伙伴的微信号和手机号是相同的，打通了线上，也意味着线下可以随时联系。

购物 App 则会推荐感兴趣的商品，这些商品的筛选是根据消费者的购物记录所推荐，针对性非常强，无疑会激发消费者的购买欲望，它的优势是传统广告宣传无法比拟的。

看得出来，移动端在不断地入侵着生活领域。

移动获利

微商是近几年炒得比较火的一个新型"职业"，无店面、定向传播、极其压缩的成本空间，再借助移动互联网的灵活优势，可以随时随地地处理订单、销售货物，尽管有些微商受到质疑，但是丝毫不影响微商在移动端的获利。

微商是移动获利的一个新渠道，但是不可否认微商的对象是有局限性的，因为微商需要二维码做入口，将消费者引入到微商店铺中，对于拥有实体店的商家，同样可以利用"移动互联"搭配"微现场"获取新的利润增长点。

首先，我们先来看看现代信息的传播方式。

现代信息，多是以碎片化的方式呈现在消费者面前，不管是商家，还是消费者，碎片不能也不必要拼接完整，商家只需要在最合适的时间、最佳的地点，将"碎片"推送给消费者即达到目的。

何为最合适的时间、最佳的地点？就是商家推送的信息和消费者所处的位置及正在做的事情相联系，这在以往是无法想象的，而移动互联融合物联网，这样的事情可以轻松办到。

利用地理位置围栏思路（如图 4-3 所示），以实体店为中心，在一定半径范围内放置低功率的传感器，传感器可以跟踪到手机的运动方向，并记录在数据库中，通过平台分析店内人流量，单一商品的浏览人数，消费者在实体店的停留时间以及接下来的去向，消费者购买商品的频率，店铺的忠诚度等信息，通过这些信息可以轻松地发现重复的或者忠诚度较高的购买者。

图 4-3　地理位置围栏技术

物联网的能力不可小觑，但是单独信息搜集无法进行变现和升维，大数据可以分析出敏感和关键的走势，这拥有非常重要的参考价值，但是需要介质汇聚这些信息，移动互联就是这其中的桥梁，通过它可以在营造的"微现场"内搜集信息，并根据消息相关性定向输出给指定的消费者。据心理学分析，当商品价格和消费者心理价格差不足 8% 时，消费者会有立即购物的冲动，这无疑会增加商家的利润点。

精准定位可以在"对的时间"，面向"对的顾客"，发出"对的消息"，这足以吸引大部分潜在消费者了。

移动攻击

便捷的移动互联改变了人们的生活／工作模式，同时也引入了新的风险。相信很多人看过美剧《神盾局特工》，第一季中漂亮的女黑客 Skye 频繁侵入各安全组织的核心系统，更是通过手机轻而易举地攻破安全防线，这里有很大一部分是戏说的成分，但是这也体现了当今社会一个真实的现状——移动端威胁。

IDC 数据显示，2014 年全球范围内有 12 亿人通过移动办公处理事务，有 69% 的用户表示会用自己的手机去访问公司的网络，如今这个数量还在不断攀升。手机为移动办公打开了一面高效的"门"，同时也为病毒的移动攻击提供了一扇便利的"窗"。猎豹移动安全数据显示，2014 年全球感染病毒的安卓手机达 2.8 亿部，也就是说，平均每天 80 万部安卓手机中毒（如图 4-4 所示）。

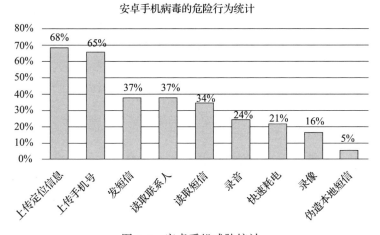

图 4-4　安卓手机威胁统计

报告还显示，2014 年电脑病毒样本数较 2013 年减少 15.6%，电脑病毒感染量减少 19%，手机病毒样本数增长 229%，手机病毒感染量增长 92%，钓鱼网站总数增长 165%。移动端的威胁不断加剧，对于同处一个 Wi-Fi 网络的BYOD，一部手机中毒轻则会影响正常的网络流量，重则会将病毒传播到其他终端，比如政府、金融行业、医疗行业，这样的传播行为将会带来不可想象的危害。

为应对手机病毒的感染和传播，安全类软件在不断诞生，然而再好的杀毒软件也难以抵挡病毒的侵袭，未来依旧会是两者不断博弈、不断修补的过程，移动攻击将"融入"到我们的生产、生活中，不管你是否情愿。

移动互联网的发展改变了太多的事情，身边的"低头族"越来越多，这个势头没有衰减的迹象，反而在爆发性增长。配合高效的云平台，汲取物物信息的物联网，再通过大数据的深度挖掘，"互联网 +"会随着移动互联的发展呈现更加广泛的应用。

第 2 节　大 PK，一场没有硝烟的角逐

企业追逐利润，但是追逐利润绝非是企业关注的全部焦点。企业立足于市场，吸引财富，还需要一个重要的指标，那就是市场份额。

我们看到 2014 年滴滴打车和快的打车的厮杀，烧钱数十亿元，其目的就是抢占市场份额。毫无疑问，只要存在市场行为就会有纷争，而今战争的硝烟蔓延得更加弥漫，传统互联网和移动互联网的拉锯战不断上演蚕食和被蚕食的好戏，基于微信的应用不断挑战 App，传统的行为不断被互联网和移动互联网吞噬。

纷争不断，竞争不断，拨开云雾让我们看到更加清晰的移动互联。

"互联网 +"，还是"移动互联网 +"

还是要说一下"互联网 +"的深层含义，"互联网 +"是互联网 + 传统行业，而非是传统行业 + 互联网，前者是化学反应，后者是物理反应。

比如传统物流行业，自行研发物流平台或者借助于第三方系统，将物流信息放置到网络上，这完成了" + 互联网"的过程，即通过互联网将物流信息进行线上渠道的拓展，但如果问到二次运输时间、司机的空跑率、行驶过程中的曲线偏离，这是" + 互联网"难以办到的；而"互联网 +"可以通过大数据预测二次运输需求，通过物联网实时追踪司机的行驶路线，通过移动互联将信息准确发送给定向司机，通过机器人完成货物的快速交付……

" + 互联网"是工具，"互联网 +"是升维！

接下来的 PK 结果似乎非常明显了，移动互联实现了线上线下一体化的融合，在某些方面确实实现了移动互联网与传统产业的跨界融合，移动互联在空间维度方面有着绝对的优势，但是仅仅依靠移动互联难以完成绝大多数行业的跨界转型。

O2O 是"互联网 +"的具体体现和突破口，而"移动互联网 +"是"互联网 +"发展的最新阶段，但是"移动互联网 +"全面取代"互联网 +"在很多领域内尚难以办到（如图 4-5 所示）。

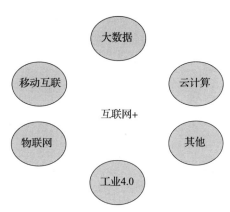

图 4-5　集大成的"互联网＋"

App or 微信，谁是王者

App，即手机 /Pad 安装的软件，就是可以通过移动设备的操作系统，部署在移动设备之上，完善原始系统的不足与个性化，下载 App 时需要根据手机操作系统来择取，目前手机主流系统有 Android、iOS、Windows。

微信（WeChat）是腾讯公司于 2011 年 1 月 21 日推出的针对智能终端提供即时通信服务的免费应用程序，微信支持跨通信运营商、跨操作系统平台通过网络快速发送免费（需消耗少量网络流量）语音短信、视频、图片和文字，这是百度百科对其的定义。

2015 年 7 月，苹果 App Store 到达了一个巨大的里程碑，应用程序总数达到 150 万个，安卓阵营则更为庞大；微信 2015 年 Q2 财报显示，微信和 WeChat 合并月活跃用户数超过 6.00 亿，说微信是目前移动端最火的 App 丝毫不为过。

移动互联网在不断地渗透到人们的生活中，那么究竟是 App 更具有领先优势，还是微信自带用户更适合移动端的发展？

App 更为专业，可以针对每一项目标制定 App，比如团购类、打车类 App，工作流的审批也更为明确，可以完成企业内所有流程的交付和流转。

微信同样可以提供团购、打车、工作流审批这样的工作，但是相对于 App，功能上稍逊一筹。微信更像是一个入口，可以提供各应用的基础环节，而 App

则提供更深层的应用。

但是微信有这样的优势，那就是兼容性，即微信可以在 Android、iOS、Windows 多个平台使用，企业提供移动端的审批流，不再需要定制开发 Android、iOS、Windows 多个平台，只需要提供微信端的应用入口即可。

于是，App 和微信的王者纷争逐渐明了，如果想用最少的资金网罗全领域的用户，微信的保有量和便捷的部署显然更有优势；如果需要提供更加专业、更具针对性的功能和应用，那么选择 App 无疑更好。

移动互联的创业者在创业初期，不妨先以微信或者轻量级的网站作为切入点，待时机成熟，需要功能丰富时再通过 App 进行二次渗透。

"谁"绑架"谁"

场景再现 II：

2015 年春晚，家里的大大小小，只要智能手机上安装微信，都忍不住来摇红包（如图 4-6 所示），相当一部分朋友都没有完整地观看春晚。

有人说春晚被"微信"绑架，这不乏一定的道理，毕竟盯着手机的"低头族"要高于看电视的观众。移动互联网的发展催生了大量的"低头族"，手机对于很多人来说，已经成为人身体的一个"器官"，随时随地都离不开，哪一天移动设备或者网络中断，我们的生活好像会缺少点什么。

这样的场景是不是既熟悉又无奈，每天早上醒来就开始被动地接收信息轰炸，有微信的、QQ 的，还有企业 App 触发的流程节点，表面上看效率提升了，但是颈椎、视力都承受了难以承

图 4-6　春晚微信摇一摇

受之重。有人说移动端绑架了我们运动的能力，生活和生产都被移动互联绑架，但是这个潮流已经无法抵抗，我们需要做的是学会如何健康地使用移动互联网，

如何在海量信息中找到价值用户，具体内容后续将逐步深入介绍。

用户、流量、数据孰轻孰重

工业时代是"体系促单品"时代，互联网时代则是"单品带体系"时代。

互联网时代，一款好的应用可以在短时间内以惊人的速度进行传播，获得广泛且忠实的用户。当发展到一定程度时，单品的价值开始衍生，一个完整的体系架构不断地衍生其他领域。微信互联网时代，尤其在移动互联网时代有着绝对的话语权。微信以"单品"模型出现在市场上，但是其衍生的附带价值却难以估量。

这样的例子不胜枚举，数以百万计的 App 应用带来了难以估量的价值。

1. 用户

免费打车、免费吃大餐、新用户注册送好礼，类似这样的营销多如牛毛。商家在这种营销环境中有时是不赚钱的，这正是验证了那句古话"赔本赚吆喝"。

虽亏本，但赚人气，通过低价格营销吸引了大量的用户，这些关注或者安装商家 App 的用户，拥有着潜在消费行为，配合商家不断推送的消息来引导消费，这无疑会是新的盈利增长点。2016 年春节，支付宝的"抢红包迎福气"让手机的"咻咻"声不绝于耳，这个宣传方案配合春节的喜庆气氛，让支付宝的知名度更上一层，但是支付宝的核心意图并不仅仅在此。太多的人注册了支付宝，更多的人相互添加好友，加之支付宝在支付领域的霸主地位，用户的聚合会让现金的流转再度闭合，这个闭合的环形圈依旧是支付宝。

另外，高质量的文章同样是吸引用户的重要手段，文化的渗透更容易引起用户的情感共鸣，这更利于培养用户的忠诚度，也更利于产生二次利润。

而这所有的一切，用户是所有资源的基础。

2. 流量

数据显示（如图 4-7 所示），微信用户中每月手机流量超过 100M 的用户突破 80%，超过 400M 的用户超过 40%，自媒体流量巨大，直观地反映了微信在移动互联网的发展趋势。

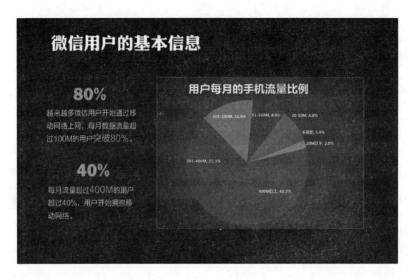

图 4-7　微信端不断增长的流量支出

这仅仅是微信用户的数据流量，其他 App 所产生的流量同样不可忽视，购物 App、导航 App、音乐 App、视频 App、阅读 App、教育 App、理财 App、办公 App、娱乐 App 所生成的流量更是无法计量。不管是何种 App，均指向一个重要的节点，那就是数据。

3.数据

大数据时代，你的指尖每敲击一下键盘，就会在互联网海量存储中生成一条数据，当数据累积到一定程度，价值开始显现。

当移动端吸引了足够多的用户，当移动端产生了不可估量的交易行为，当商家分析出消费者的消费意愿、商品购置时机、消费金额；当企业计算出客户的货物需求时机、数量、品种。接下来的所有策略都将是针对性的行为，每一条信息的推送所产生的有价值的回报率远远超过传统的海量投放。

用户、流量、数据三者密不可分，相辅相成。如今的移动互联领域，用户、流量、数据大量井喷，海量信息融汇到云中，通过分析和挖掘，将核心信息和未来走势反馈给商家，由走势所引导的消费将会带来快速的回报。

移动互联领域不再是陌生的环境，数以亿计的庞大用户群是一块非常大的市场，各项指标的 PK 可以让我们看到更加真实的移动互联。当然，如果要在这个领域自由畅行，你还要把握这样的运营原则——"简"。

第 3 节　大道至简，"互联网＋"顺势前行

人们获取信息的渠道不断丰富，以往电视类、报纸类等即时性较差的传播行为被不断削弱，轻量级的网页、App、微信成为下一代信息交付的领先应用者。

传统媒介被削弱是社会节奏加快的必然结果，另一个直接结果是呈现给人们的信息更加繁多，详细地阅读每一则消息变得不太现实，消费者希望用最少的时间、最快的操作获取自己感兴趣的信息，哪怕信息是碎片化的。

若迎合消费者的快速获知行为，则要求移动端提供的信息不仅要丰富，而且要简便，这是最基本的要求。如果要保持竞争力，不仅要"产品至简"，而且所有的管理、营销行为都要保证灵活性，保证轻量级，这就是大道至简"。

产品至简

很多国家，在法律允许的时限内，且商品保障不影响第二次销售的情况下，消费者可以无条件退回，并获得全额退款。

这样的规定自然会产生退货情况，但是并非所有的退货都是因为质量瑕疵所导致的，荷兰埃因霍温科技大学的艾尔克·邓奥登对美国退回商品进行研究，发现众多的退回原因是消费者不会使用或产品的使用异常复杂。艾尔克·邓奥登研究发现，美国消费者平均会花 20 分钟时间来摆弄新产品，如果还不会用，绝大多数人会进行退货。

虚拟的产品和现实的产品一致，如果某个 App 操作极其复杂，用户在短时间无法掌握，那么用户通常会放弃这个产品，这个产品无疑是失败的。

截止到 2014 年年底，谷歌 Play 拥有的 App 数量超过 143 万款，苹果 iOS App Store 也拥有 121 万款。"互联网＋"的创新发展大潮中，会有更多的 App 涌现出来，同时微信端的应用也会不断诞生。数百万的应用中，我们真正接触

到的寥寥无几，很大一部分是因为界面不友好、操作复杂而被市场放弃，所以想在移动互联领域分得一杯羹，产品的定位是一个方面，产品操作的极致简化也是需要重点考量的。

成本至简

成本至简，一是从贵到便宜，二是从收费到免费。在移动互联领域，这不仅仅是小微企业的生存法则，也是行业寡头的执行标准。

从贵到便宜，小米给市场上了一课。

小米在成立之初给用户的感觉就是小米太便宜了，配置还高。"饥饿营销"是一个原因，其关键所在就是小米的中间成本趋近于"零"，零库存＋零渠道费＋零营销费，渠道费、库存费、营销费、返修费、房租费等，仅占总成本的4.5%。

小米率先实现降维生存，可以在产品价格低廉的情况下依旧保持盈利，再通过这个优势攻击依靠毛利率生存的企业。这样的二次打击能力让很多同行业竞争者难以承受。

从收费到免费更是移动互联领域的生存法宝。

各大手游公司不断推出"免费"手游产品，但这是有前提的，免费娱乐的过程中，大多数情况是经历着难以想象的游戏难度，想要舒服地享受娱乐，那么请付费吧。其他领域也是如此，在线视频可以免费收看，但是每次收看时都需要"观看"数十秒，甚至100多秒的广告，还有一些时候，只有注册的会员才能正常观看，想要舒服地享受视听，那么请付费吧。

免费才是最大的不免费。

在"互联网＋"时代和"移动互联网＋"时代，产品本身可以不赚钱，但后续的东西必须要赚钱，要极大地简化成本，要有零毛利率的思维，要有延伸的价值链，否则是不能生存的。

营销至简

产品面向市场后，哪怕是一个糟糕的产品，也需要用户来评价、市场来定夺，这就涉及广告、文案、策划和宣传。

我们先来看一下小米的宣传文案，小米在宣传手机、耳机、移动电源时分别用了这样的广告用语。

"小米手机就是快"。

"小米活塞耳机"。

"小米移动电源，10 400 毫安时，69 元"。

互联网时代我们获取到的信息非常多，也是非常杂的，其中不乏干扰、失真和耗损，如果广告采用大量的技术用语，即便是从事信息领域技术流的人员，也会产生反感，更不要说不同用户了。"营销至简"可以为 App 和企业带来广泛的人气和市场。

如同小米的宣传文案，营销至简就是要求将目标用一个词或一句话描述出来。

场景再现Ⅲ：

图 4-8 是百度输入法 iPhone 版 2014 年在纽约时代广场的宣传广告，作为第一个亮相纽约时代广场的移动互联网产品，已经非常吸引眼球，极其简化的文案 "Hi，约吗？"也一度成为 10 月份的网络流行语，这迅速引来大批网友的热议和跟风，线上 iPhone 版百度输入法的下载量也呈现出快速增长的态势。

图 4-8　百度输入法 iPhone 版的至简营销

"互联网＋"时代需要简短的，且能迅速沁入人心的营销方案。

团队至简

如果要实现大规模的数据计算，或者面向公众提供云平台，这就需要组建复杂、庞大的计算、存储、分析平台，而移动互联不用，一款简单的 App 甚至可以在几天或者几周时间内诞生。产品或许会在短时间内抢占市场，另一个可能就是在短时间内消失在人们的视野里。

这个界面相信很多人会熟悉（如图 4-9 所示），2015 年 5 月初的一天，不管是政客、明星，还是普通民众，都在网络上通过微软的 HowOldRobot 软件晒自己的"年龄"。用简单、粗暴形容这个应用一点也不为过，用户选择并上传照片后，HowOldRobot 就能告诉用户，看起来多少岁，简单的应用吸引了近 35 000 名网友参与测试。

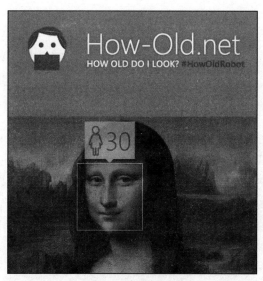

图 4-9　微软年龄测试软件

而他们的团队简化到极致，只是由 Corom Thompson 和 Santosh Balasubramanian 两位软件工程师完成，试想一下，若某个 App 拥有数百人的研发、宣传、管理团队，人力成本在短时间内就会将企业成本消耗一空。

有些时候，产品的消失是定位的失败，还有很多时候是臃肿的团队耗费了大量的研发、推广经费，导致产品的市场注定失败。

团队规模大，不灵活，那是传统制造业的特征，但放置在移动互联领域，大规模的团队只会拖垮企业的发展进程，甚至是企业发展的绊脚石或者定时炸弹。在移动互联领域，建议采用"偏小型"的研发、推广和管理团队，保持行业的高度垂直和优势，保持敏捷。

大道至简

企业已经步入"互联网"的生存环境中，工商管理虽然在局部范围内依然有效，但是在大多数情况下已经开始失效，甚至产生了"负效应"，工商管理不再具有全局影响力，未来的主流方式将是以互联网为核心的全新的思维方式和管理文化。

互联网，尤其是移动互联网，带来了快节奏的生产模式，稍有迟疑就会贻误商机、错失市场，这样的例子比比皆是！但是我们依然会看到很多企业配备了臃肿的团队，产品尚未投放市场就开始承受巨大的研发和管理成本压力，还有的产品需要专业级消费者才能理解和操作，这些行为在互联网时代看上去总是有些格格不入。

从产品的诞生，到中段的营销，再到后期的服务，需要保持全领域的精简，"大道至简"这是移动互联时代的特征，是保证核心竞争力的基础，是在短时间占领市场，保持和扩大市场份额的绝对准则。

第 4 节　移动互联的"生存指南"

《创新者的窘境》一书中提到，"成熟企业在持续型创新中所表现出的强势和在破坏式创新中所表现出的弱势，以及新兴企业与之正好相反的表现，真正的原因是他们处在行业不同的价值网中。"

移动互联构建了新的价值网，在全民创新的大环境下，如何利用移动互联？如何在移动互联领域长效生存，这是一个需要探讨的问题。

传统 IT 运营的失效边界

倒推二十年，个人电脑在市场上的销量无可匹敌，那时的手机仅仅是通信工具，说后者能够撼动前者的统治地位简直就是天方夜谭。

二十年后，个人电脑的制造寡头纷纷转型，要么做高端的服务和解决方案，要么做云计算，要么随波逐流，开始进行手机的研发和销售。

过去二十年，其实是去 PC 化的二十年，IBM 把 PC 业务卖给联想，联想 2015 年财报显示，个人电脑销量同比下降 6% 至 2850 万台，个人电脑业务的发展大有放缓之势（如图 4-10 所示）。

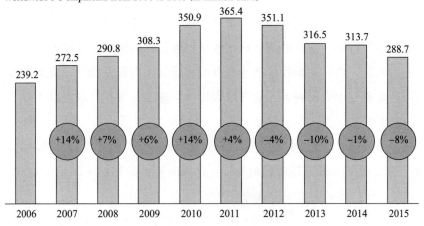

图 4-10 PC 电脑出货量持续走低

个人电脑所处的价值网优势在不断压缩，这是由个人电脑特定的产品属性和成本结构决定的，笨重的、不灵活的 PC 端难以满足快节奏的社会。高效的办公领域，随身携带的手机、平板电脑等移动性较强的 BYOD 设备，可以完成个人电脑绝大部分工作；生活方面，手机、平板电脑的广告转换率可以比个人电脑举办的类似活动高出 4 ~ 5 倍，也就是说，通过移动端带入的产品宣传会更经济且更高效。

移动端设备构建的价值网已经接管了 PC 端的价值网，未来的增长将继续冲击和吞噬传统 PC 应用领域。

新价值网的崛起

传统 IT 已经触碰到增长的极限，很多迹象表明传统 IT 处在价值失速点，边界失效导致的"惯性"商业理念和规则难以维系，重启增长引擎成为当务之急。

智能手机没有大规模兴起之前，App 应用无疑是低利润率、高风险、非证实的小市场，而如今移动互联网的市场不断扩张，市场对移动端的需求已经非常明确和渴望，同时移动端拥有非常可观的用户和增长驱动，企业没有把握住移动端的优势，在未来的竞争中无疑会处于行业发展下游。

海尔的张瑞敏说没有成功的企业，只有时代的企业。移动互联网已经开启了新时代，只有在这个新价值网中抢占一席之地才能无往而不利。

移动互联时代的降维生存

移动互联的优势不断扩大，很多企业已经步入到新的价值网中，未来，企业如何在移动互联时代持续生存，如何创造新的增长驱动，这仍将是一个棘手的问题。我们需要做的不仅仅是利用领先技术突破盈利瓶颈，还需要延伸价值链，实现降维生存，我们不妨先来看看小米公司。

可以说小米公司创造了一个新的商业运营模式，这与小米中间成本趋零的优秀运营模式有着莫大的关系，小米倡导零库存＋零渠道费＋零营销费，渠道费、库存费、营销费、返修费、房租费等，仅占总成本的 4.5%。

极低的中间成本让小米在毛利率为零的情况下依然盈利，然后转而攻击那些依靠毛利率生存的企业，拥有这样的二次打击能力会让对手非常受伤。"互联网＋"的持续发展会让更多这样的企业诞生，移动互联为主导的快节奏领域会让更多新奇、有效的应用注入市场，"大道至简"是移动互联时代的生存法则，也是降维生存的基础。

但是降维生存并不意味着可以在这个时代安逸的生存，要想不被市场淘汰，必须有延伸的价值链，类似的案例非常多，我们最常使用的即时通信工具、视频网站，都是以免费使用为基石，然后再采用付费模式获得产品的盈利。企业降维生存，拥有延伸价值链的二次打击是抢占市场、夺取份额的必备手段。

到这里去

移动互联编织的价值网在扩大，不断有创新者通过 App 或者微信端进入移动互联领域，也有很多企业采用移动互联完成企业的信息再造。

对于行动路线，我们不妨分别来看。

1. App 创新从业者

既然是创新从业者，很少会拥有大量的初始资金。如果创新从业者与行业巨头正面对抗，绝对占不到丝毫便宜。我们很难看到创新者开发团购类网站，来对抗美团、糯米等大型团购网站。

移动互联颠覆性的竞争优势绝非来自于中心，而是来自于边缘，创新者需要找到一个新的角度，从边缘市场入手，找到自己的价值网，也就是说在没有形成规模，或者少有人介入的领域开创特立独行的移动应用品牌。

2. 企业级移动互联需求

BYOD 在不断丰富，差旅人员在逐渐放弃笨重的笔记本电脑，这就要求企业拥有足够丰富的移动办公应用，很多企业已经将财务审批流、人事审批流、营销审批流转移到 App 或者是微信平台，再加上早已成熟的即时通信、手机邮箱等通信模式，异地快速办公环境被融会贯通。

在另一方面，政府、医疗、教育，以及各种企业，需要向公众发布信息，网页方式在短时间内依旧有效，但随着时间的推移，越来越多的人希望通过手机的移动工具快速获取信息，这是未来的趋势，也是企业、政府，或者其他组织的 IT 人员需要关注和评估的方向。

不管是 App 创新从业者，还是企业级应用，他们都需要避免走进这样的信息漩涡，那就是不要为了"移动互联"而"移动互联"，如果只是将信息承载到移动端，这只是发布渠道的转移，并非是真正的移动互联。移动互联要想实现其快速办公的价值，需要实现政务的在线处理、医疗的无障碍就医、高速的流程转移，再通过云计算、大数据、物联网等"互联网 +"工具，实现传统领域的融合。

第 5 节 "移动互联"在我的圈子里，也在我的手掌里

传统行业过于依赖自己的"成熟"经验和既往的思维方式，就像成熟的胶卷和唱片商店，他们并没有做错任何事，但是却被市场无情地淘汰掉了。

传统行业的不景气和新媒体的快速发展已经颠覆了市场的价值观，"互联网 +"创造了一个新的世界，要么主动参与塑造未来，要么创造机会来参与。移动互联的节奏感更强，我们的"生产圈""生活圈"都可以通过移动端予以实现，利用移动互联特性，完全可以开辟新的盈利空间。

塑造展厅现象

大商场里会看到很多"消费者"在试穿各种衣服，这些"消费者"并不消费，但是却有潜在的消费需求，他们在实体店的行为只是比价和进行研究，然后再到电商平台寻找价格更为优惠的商品，这就是"展厅现象"。

场景再现 IV：

美团外卖等团购外卖 App 开创了这样一个"展厅"平台，就像在餐馆点餐一样，选择合适的菜肴，付款后就等待送餐小哥的上门送餐，这样的模式为很多"做饭困难户"提供了非常好的选择，而这其中真正的价值理念就是营造的展厅现象。

事实上，不仅仅是零售领域可以塑造出展厅现象，很多行业通过 App 同样可以。对于政务，展厅呈列出办理公务说明、注意事项，并且流程的大部分节

点可以通过移动端解决，本人只需要持有效证件到指定办事机构进行认证，效率自然会有效提升；对于医疗行业，预约挂号、导诊、出具处方完全模拟真实医院的流程，看病难的问题至少会缓解很多。

"展厅现象"可以模拟近乎真实的场景（如图 4-11 所示），让参与者有着切身的体会，但是不管场景多么真实，关键的节点依旧是最终使用者，那就是用户，用户带来的价值是无可附加的。

图 4-11　高参与度的展厅现象

口碑赢口碑，用户带用户

你还记得怎么安装"微信"这款 App 吗？

很多人是通过朋友的推荐安装的微信，"一传十，十传百"的效应让微信短时间内成为最为广泛的移动时代的即时通信工具。

2011 年 1 月 21 日，微信发布针对 iPhone 用户的 1.0 测试版，同年 4 月底，1.3 测试版已经让微信吸引了 400 万注册用户，2.5 版本再一次引爆了微信用户的增长点，那时微信用户达到 1500 万。3.5 版增加了英文界面，支持全球超过 100 个国家的短信注册，吸引全球用户，截至 2011 年年底，微信的用户数达到

5000 万。2012 年 3 月，微信用户数突破 1 亿大关。2012 年 9 月 17 日，腾讯微信团队发布消息称用户数突破 2 亿，仅仅过去不到 4 个月，2013 年 1 月 15 日深夜，腾讯微信团队在微博上宣布，微信用户数突破 3 亿。2011 年 1 月 21 日到 2013 年 1 月 15 日，不到两年的时间，微信便斩获了超过 3 亿用户。而如今这个数字犹如滚雪球，越来越庞大。

事实上，微信的生存空间并非一枝独秀，Kik Messenger、WhatsApp、米聊、LINE、Kacao 的应用不断冲击微信的发展，之所以微信可以如此畅行，毫无疑问是其拥有非常好的口碑，以及用户的口口相传。

类似的例子不胜枚举，2016 年春节支付宝的"迎福气，抢红包"活动中，用户新添加 10 个支付宝好友，即可获得 3 张福卡，将有机会赢得现金红包，一时间支付宝的添加好友行为不断攀升，支付宝通过快速积累关系链，引导大批社交用户流向支付宝，这依靠的就是用户端的交互式传播。

口碑和用户传播是产品最有效的启动方式，不管是公共领域的 App，还是企业级的应用，利用口碑和用户带来的效果提升是快速传播的关键。

创造移动战略品牌核心

手机、Pad 存储空间不断扩充，但是有些 App 依旧难以逃脱被卸载的命运。究其原因，无非是产品缺失核心竞争力，也就是没有品牌价值。

App 从对象上主要分为两种，一种是面向公众的广泛性的 App，另一种是企业 / 组织专属的 App。不管是何种 App 都需要保持竞争力、保持话语权，这就要求企业 / 组织从上到下地认识移动战略重要性，承诺对重要资源的分配，其目的就是将自己的 App 创设一个品牌，一个核心品牌。

当消费者使用自己的 App，才能拥有获取信息和分享信息的能力，才能获得延伸的价值链，才能在不同地区和不同垂直领域获得利益，指尖上的权利完全与消费者捆绑到一起，利用移动互联的影响力，创造出拥有战略品牌价值的移动应用，才能将用户、资金流闭环，将利润最大化。

朋友间有"朋友圈"，社会关系上有"人脉圈"，电子商务上有"购物圈"，信息交互上有"微博圈"，就连健身现在也有"跑步圈"，企业 / 组织方面同样不甘示弱，"流程圈""政务圈""医疗圈"不断涌现，移动互联在不断扩大自己的圈子，手掌中的移动设备让太多的事情可以最快捷、最简单、最有效地得以解决。

移动互联已经拥有了广泛的应用领域。

第 6 节　广域"互联网＋"，广泛应用领域

移动互联从更加易用的角度切入到我们的生产生活中，这场革命的驱动力是智能手机和平板电脑的全球性大规模使用。这是一个非常容易的切入点，但单独依靠移动互联，来完成战略性目标在很多领域尚不能完全实现，只能依靠"互联网＋"这个全领域的解决方案来纵向考量，移动互联增加了"互联网＋"的标签会让很多领域的运转更加顺畅。

移动互联 + 营销

但凡商业行为都需要投入广告来保证消费者可以知晓，以往的营销依靠电视和杂志，消费者只能被动的接收。互联网的诞生，尤其是在线购物的兴起，消费者变得更加主动，会根据实际需要选择合意的商品。

移动互联带来的是"互动"，当消费者通过二维码或者 App 入口，进入商家的虚拟店铺时，商家就可以通过闭环的通信向消费者推荐商品，当消费者对这款商品感兴趣时，可以在虚拟店铺直接下单、购买。相对于以往的营销手段，基于移动互联的营销更加具有定向宣传的特征，这也更有利于商品的针对性营销。

移动互联还带来了更加新奇的营销模式，星巴克曾经推出一款名为"早安闹钟"的 App（如图 4-12 所示），用户下载这款 App 后，设定起床闹铃（最晚为上午 9 点），在闹铃响起后的 1 小时内，走进任意一家星巴克门店，就可以享受早餐新品半价的优惠，这种移动互联 + 营销的手段，不仅新奇，还更容易与目

标消费者深度沟通。

这是移动互联给我们带来了最直观的感受，如果增加大数据的标签，移动互联将会产生更大的经济价值。

大数据通过汲取、串联、汇聚数据，通过挖掘，可以分析受众的个人特征、消费行为、生活方式，大数据对消费者浏览和搜索行为进行分析，预测其当下及后续的需求。因此，递交到消费者移动端设备上的信息不会是用户反感或者不相关的信息，而是精准定制，甚至是个性化定制的商品。

大数据的核心是还原真实，在大数据框架下，广告信息、媒体和用户会得到更加精准的匹配，当商家知道哪些消费者会在哪个时段进行何种消费，所有的消费行为就是引导式消费，这样的消费冲动会给商家带来不菲的利润。

图 4-12　星巴克"早安闹钟"App

移动互联 + 政务

这是一个沉重的话题，2014 年 12 月 31 日 23 时 35 分，很多游客市民聚集在上海外滩迎接新年，上海市黄浦区外滩陈毅广场东南角通往黄浦江观景平台的人行通道阶梯处底部有人失衡跌倒，继而引发多人摔倒、叠压，致使拥挤踩踏事件发生，造成 36 人死亡，49 人受伤。

活动当天有大批警察维持秩序，由此可见政府进行了积极应对，但是因不断有民众涌入现场，最终还是导致人流量过大，据统计，事件发生时约有 31 万人进入现场。如果在活动当天发布限流消息，如果可以通过计算对现场进行风险评估，如果在流量变化超过极限时，及时研判、预警、发布公告，灾难还会发生吗？

生命只有一次，没有后悔。

如果当时相关部门能给出最及时的公告和宣传，那么也许灾难就不会发生，而且还能提高原本的办公效率。目前已经有很多政府机关将政务信息发布到互联网，这完成了"政务＋互联网"的过程，但是这并没有真正地完成"互联网＋"的转身。

外滩事件涌入的大量人群不能通过"电脑"关注实时的信息，只能通过移动端向民众发送消息，这就需要政府机关需要通过地理位置围栏，将消息推送到民众的移动端设备之上，也就是手机或者 Pad。

"互联网＋"下的移动互联赋予了政务新的含义，大数据的强势注入，更加能为紧急事件提供决断能力，图 4-13 是百度研究院大数据实验室对中秋前夜、国庆当晚、跨年当晚做出的大数据热点分析，大数据反馈的结果清晰地指向活动当晚拥有多么庞大的人流量，大数据、物联网、移动互联的深度结合，可以在最佳的时间，发送最可靠的信息，如果这样，灾难或许不会发生（如图 4-13 所示）。

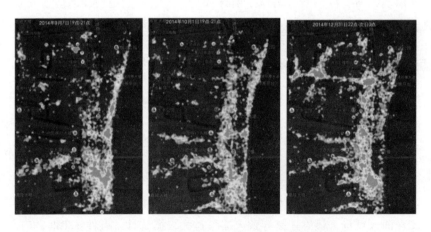

图 4-13　百度研究院大数据实验室的数据透视

当然，这只是政务处理的一个方面，如今企业、组织，乃至普通的民众需要和政府机关交互的事务太多了，如果政务处理只是将信息发布到移动端，那么移动端仅仅是政务的承载工具，远远没有达到移动互联 + 政务的关键所在，真正的移动政务是需要通过移动端，处理更多线下的事务，减少排队和各个办事机构的疲于奔命，也需要减少"我还活着"这样尴尬的证明文件。

移动互联 + 医疗

2011 年，我国移动医疗用户仅有 0.23 亿，但是到了 2014 年，这个数量翻了 3 倍。从用户关心的功能上分析，预约挂号和医患交流排名前两位。民众就医希望可以提前挂号，并在指定时间就诊，从而节约时间，提高效率。医患交流则打通了医生和患者的交互，所有的就医行为都得到了简化，移动互联 + 医疗颠覆了传统的医疗行为。

预约挂号、导诊、医患交流确确实实提高了太多效率，但是，通过移动端进行就医的患者仍然再为"时间"埋单，这个时间就是化验结果等待的时间。普通的静脉验血需要至少 30 分钟的等待时间，支原体检验、EB 病毒检验，基本上需要跨越自然日，更加复杂的化验有时需要数个工作日。

即便前期的就医行为有所简化，但是后期化验还需要递交给医生，医生需要根据检验结果来开具处方，这就要求患者不止一次地往返化验机构和主治医生。

时间的节省在后续就诊过程并没有得到完全的释放。

事实上，电子病历是以结构化数据的形式存储在服务器中，可以打印出来，医生自然可以看到。如果移动互联可以充分利用，那么患者在化验完毕后，可以自行安排自己的时间，化验结果出具后，医生会根据化验结果将处方信息发送到患者的移动端手机或者 Pad 上，甚至可以通过移动端的摄像头进行面对面沟通。需要简单的药物治疗，可以通过同城快递进行药物交付，需要住院或者门诊输液可以通过 App 进行床位预约，如此一来时间和效率自然可以更上一个台阶（如图 4-14 所示）。

另外，人们不希望得病了以后再去医院治疗，提前的预防总比事后的治疗要更加经济、稳妥，于是健康智能硬件的发展呈现飞速上涨的趋势，依靠物联网的信息感知能力，可以准确获取用户的生理指标，并对不良的生活习惯进行警示和调整。

家有行动不便、需要照顾的老人，传感器会监控老人的身体实时状况，一旦有严重危及健康的情况发生时，老人无法通过相应的手段通知家属或者医生，这时传感器就可以自动将信息反馈到指定平台，向已定义的联系方式触发紧急救助提醒，这就是移动互联领域“端到端”的处理和服务能力。

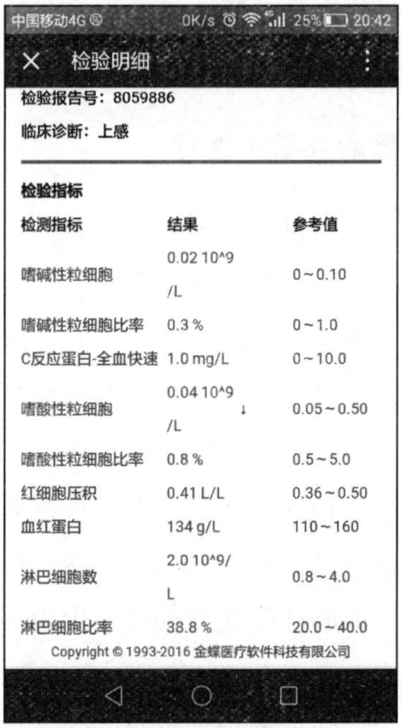
中国移动4G 0K/s 25% 20:42

检验明细

检验报告号：8059886

临床诊断：上感

检验指标

检测指标	结果	参考值
嗜碱性粒细胞	0.02 10^9/L	0~0.10
嗜碱性粒细胞比率	0.3 %	0~1.0
C反应蛋白-全血快速	1.0 mg/L	0~10.0
嗜酸性粒细胞	0.04 10^9/L ↓	0.05~0.50
嗜酸性粒细胞比率	0.8 %	0.5~5.0
红细胞压积	0.41 L/L	0.36~0.50
血红蛋白	134 g/L	110~160
淋巴细胞数	2.0 10^9/L	0.8~4.0
淋巴细胞比率	38.8 %	20.0~40.0

Copyright © 1993-2016 金蝶医疗软件科技有限公司

图 4-14　移动端的实时信息交付

移动互联 + 出行

这里我们用到了“出行”这个词，并没有具体区分出行的交通工具，也没有特指住宿的旅店，或者特指当地的饮食、景点的景观，因为现代“出行”需要涉及的环节更多。

我们身边的 App 有的提供单一功能，有的提供几项功能的整合，但是并没有串联整个“出行”环节，很多时候需要参考和使用多个 App 来完成一个看似完美的旅行，尽管这样的旅行仍然会多支付很多费用，且并不科学。

举个例子，计划从河北的某个城市飞往三亚度假，多数人的选择会从北京出发，但是有时候从天津出发或许有着更灵活的时间和更低廉的票价，有些 App 可以提供类似的路线规划的推荐，但是很多 App 还没有做到这一点。

然而这仅仅是交通工具的择取，对于当地的饮食，很多旅游类 App 并没有全面涉及，相信未来在出行领域会出现更多的战略合作，包括旅游类、团购类、租车类、短租类等 App 的功能上的融合。同时“懒人模式”的大数据类分析会为不同消费者提供更加贴心的私人订制类的旅游推荐；虚拟现实呈现感官更友好的视觉盛宴；物联网在不同的时间、不同的地点，提供符合自身体征的运动指导和出行建议，这样的出行无疑会更加舒适和轻松。

除了政务、医疗、营销等领域，移动互联在其他行业中也充满无限可能。目前，移动互联在大工业、大农业、大健康、大金融、大地产、大交通、大O2O、大文化、大物流等大产业中已经形成井喷之势。

写在最后

在工业领域，美国，德国等国家的工业水平领先我们二三十年，而在互联网领域，阿里巴巴、腾讯、百度与亚马逊、Facebook、谷歌的分庭抗争，不断演绎，我们与发达国家的信息水平差距甚至不足 6 个月。而在移动互联领域，微信的保有量超过了全球任何一个 App，这说明我国在移动互联领域已经有了很强的话语权，同时也证明了移动互联有着非常强的信息交换能力和快速渗透能力。

移动互联在拓展和创造新的生存空间，不断改造传统产业的发展模式，移动互联作为"互联网+"的有效实施手段在众多领域实现了价值，对于"互联网+"的创新者和从业者，将移动互联真正嵌入到我们的生产 / 生活领域，才能随心所欲地自由畅行。

5

物联网与智慧社会

几千年前，那时的人们捧起第一颗果实的时候，我想，他们是无比兴奋的。

几千年后，即便是亩产千斤的超级杂交水稻也很难勾起人们的兴奋点。我想，虽然产量增加，但是当代农业依然需要应对多样的风险，气候、病虫害、自然环境都会对农产品的产量和质量带来沉重的打击。

但如果是这样……

"老板，我是黄瓜苗，有只虫子在啃我，快来给我喝药！"

"老板，我是西红柿，我熟了，3天内不摘我，我烂给你看！"

"老板，2016年3月1日，我顺利抵达目的地——北京，一路顺风，没破坏我的'长相'，接我的小MM表示满意！据说要给你点个赞。"

当农产品可以记录自己的成长状态，将自己生长过程中遇到的灾害及时反馈给农场主，在最佳成熟期进行采摘通知，并记录产品的发货、在途、运抵的一整套信息追溯流程。如果科技可以带来这样的信息，农业耕种将不再是"面朝黄土背朝天"这样靠劳动力打拼的年代了，取而代之的是充满智慧的生态环境，这一切的背后就是因为它——物联网。

但如果是这样……

"老板，8 月 8 日季风又来了，和上次一样，保护好我！怎么保护嘛，方案已经放到云存储上面了，你拿手机就能看到。"

"老板，一个叫大数据的家伙说，本年度平均气温为 25℃，极热温度出现在 7 月 25 日到 8 月 10 日，极寒温度出现在 1 月 10 日到 2 月 15 日，别担心，我的作息时间已经安排好了，你就等着给我加减衣物就好了。"

当大数据可以感知气候变化，可以针对自然环境的变化提供差异性的调整，毫无疑问，农业的生产、收割将不再复杂，应对自然灾害的能力也从后知后觉，变成有准备的应对。

农业如此，其他领域在物联网的作用下也在塑造难以想象的场景，未来是一个万物互联的时代，是一个充满智慧的体系，物体犹如"生命"诞生在我们面前，让这些"物体"发出声音，开扩视野，传递情感，你会发现世界将变得更小。

第 1 节　"芯"智慧新生活

遥控器，一个普通的不能再普通的物体，但是在 30 年前却是稀罕之物，那时的黑白电视，观看不同的节目，只能依靠手动调台；而如今，声控电视早已出现在市场，遥控器逐渐被置于不起眼的角落，再过 30 年，会是什么样子？或许那时的孩子已经全然不知遥控器这个满是按钮的家伙了。

这是一个快速变迁的时代，父辈教导了我们很多知识，如今已经成为历史，我们感触不到，也很难体会；同样，对于我们的晚辈，今天看似领先的知识，在明天或许他们都不曾认识。如果说大数据和云计算离普通百姓较为遥远，这里要介绍的技术却从始至终徘徊在我们身边。

邂逅物联网

如果说我们的生产、生活被"物联网"包围，相信很多人会纠正，"是被'互联网'包围，不是'物联网'吧？！"

互联网的发展长期处于"风口浪尖"，尤其是移动互联网的崛起，让人们获取信息的渠道、处理事务的模式变得多样和灵活。生产中的业务系统，生活中的社交媒体，统统离不开互联网，看起来我们的确是被"互联网"包围。

但所有的一切都有一个参与者，那就是"人"，业务系统的数据填写与上传，社交媒体的音、视频交互，门户网站的新闻、咨询传递……如果失去了"人"的参与和决策，那么互联网平静的犹如一潭池水，没有涟漪，没有生命，也没有价值。

互联网是静态的，由于"生命体"的介入，互联网活跃起来，但相对于世界万物，人毕竟是少数。试想一下，百余平方米的房间，生活的也许只有一家3口，而存在的桌椅、板凳、牙刷、牙膏、书橱、衣柜、电视、冰箱、手表、手机等物体，或许有数百种之多，这仅仅是家庭，企业/组织的办公设备、生产设备更是多如牛毛，再放大到整个社会，物体的存量更加无法计数。

将"生命"的特征延伸和扩展物品，实现物体间的信息交换和通信，让物体诉说它们的状态、信息，这就是"物联网"（如图 5-1 所示）。

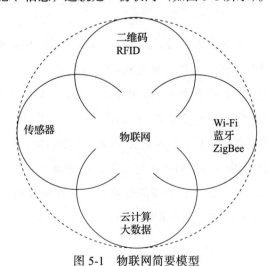

图 5-1　物联网简要模型

物联网通过智能感知、识别、普适计算等通信感知技术，将"物－物"之间、"物 – 人"充分融合到一起，物体在发出声音，在执行命令，在为"人"的舒适生产 / 生活提供别样的支持，与其说物联网是一个行业或者一个技术，倒不如说是一种"状态"，一种连接一切的状态。

身边的物联网

简单了解物联网的理念，但真正清晰地认知物联网尚需时日，事实上，物联网遍布我们身边，就是由于太普遍，以至于我们很难察觉……

- ❑ 清晨 6 点，手环轻轻振动，慢慢地将我从睡梦中唤醒。
- ❑ 习惯性地按下电视遥控器，一边洗漱，一边关注电视播放的时事新闻。
- ❑ 吃过早点后，乘电梯直达地下车库，按下手中的遥控器，远远地听到汽车喇叭的开锁提示。
- ❑ 发动汽车，门禁系统自动扫描 RFID 标签，验证通过后，过道闸，开启上班之旅……

从起床到上班，短短 1 个小时的时间，我们经历了手环、遥控器、电梯、汽车钥匙、门禁系统这 5 种物联网设备。这些设备我们几乎每天都会接触，由于太过平常，很难将它们同物联网这个较为先进的理念相联系。实际上，遥控器给物体一个指令，物体收到指令执行既定的程序，这完全符合物联网的基本特性，只不过这是较为古老的物联模式。

现如今，根据时间定义的智能窗帘，适合自己口味的智能电饭煲，记录身体状况的智能鞋垫（如图 5-2 所示）和智能背心，增加防盗功能的智能汽车坐垫，以及不计其数的传感器……都属于物联网的范畴，物联网不断延伸到我们的生活中，改变我们的生活节奏和模式。

在生产、制造、服务等多领域，广泛使用的传感器让以往难以搜集的数据变得异常简单，感应车流量，控制交通指示灯时间；实时测量和上传车间内温度，通过数据计算，动态调控每个区域的气温；不同设备、不同配件之间的感知，也给机器的稳定、高效运行提供了保障。

物联网就在我们身边，在我们的生产、生活中扮演了重要的角色。

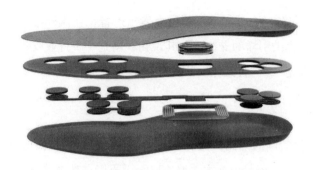

图 5-2　Footlogger 智能鞋垫

"智慧"在落地

一颗颗传感器给物体注入灵魂，那些分散的、无法自我表达的物体都在努力描述自身的特性，最大限度地发挥其自身应有的功能，激发潜在的能量。它们拥有了生命，再放到一个互联互通的网络里进行交流、分析，进而产生更大的价值。

随着物联网的发展，产业形成期已经过渡完成，我们可以看到智能手机和智能手环，在"量"上已经形成规模，智能家居领域也小有成绩，自动化的生产线，乃至工业 4.0 的快速发展，看得出来技术带动的产业链已经初步形成。与此同时，产品技术标准和行业应用规范在不断完善，这也为物联网真正落地提供了切实的保障。

基于物联网的解决方案逐步成熟，这从众筹网站不计其数的智能物联网产品就可以看出，智慧的产品真正在个人和家庭市场落地开花。另一个令市场欣喜的状况是，物联网的发展路线更趋近于 More than Moore（超越摩尔定律），也就是说设备制造能力在不断增强，MEMS 传感器、光电器件、射频 IC、生物芯片、微能源等不依赖于纳米级线宽驱动的 CMOS 集成电路技术发展迅速、性能提升的同时，成本也呈现大幅缩减的趋势，这个生命周期远远低于 18 个月。

行业标准不断完善，性能指标大幅攀升，设备制造成本不断降低，不仅在市场关注的成本环节有所保障，也为物联网的落地提供了市场保障和驱动力。

"芯"智慧，造就万物互联

通过传感器，让物体拥有生命已经不是什么难事，但如果所有的物联设备单兵作战，这和古老的遥控器似乎没有任何差别，真正的物联网需要催生新的关联关系，诞生新的智慧，不仅需要万物互联，还需要更多技术的辅佐。

云计算将生命体征不断汇聚到云端，大数据的处理和挖掘让数据形成真正的价值，最常见的食品追溯系统，通过 RFID 标签识别和读写，可以随时随地掌握食品生产过程，对食品质量进行联动跟踪，一旦发生食品事故，可以迅速调取云端资源，准确、快速地获取食品的产线、批次、箱体、瓶体等信息，可对食品安全事故进行有效溯源，极大地提高食品安全的管理水平。

对于公共领域，物联网技术构建的智能公交系统通过网络通信、GIS 地理信息、GPS 定位及电子控制技术，获取大量的数据和信息，再通过云端的存储和分析，智能地调度公共交通，高峰期间增大公共交通资源，减少等车时间；低谷时间，降低公共交通资源，避免浪费，再辅以移动互联技术，移动端的 App 可以随时查询车辆的出发、进站时间，合理安排出行（如图 5-3 所示）。

图 5-3　智能公交系统

条形码、二维码、RFID、蓝牙、传感器等技术造就了万物互联，新的智慧在很多细节改变着民众的生活，并逐渐形成新的行为习惯。

第 2 节　物联网，"物"—"联"—"网"

物联网的概念十分直白，核心层面无非是——"物、联、网"，但简单地理解为将物体信息汇聚到统一平台，似乎没有完全表明物联网的深层含义，真正的物联网是需要分开理解，再融会贯通。

物——包容万物

这里的"物"是常规语言所不能诠释的，通常来说，"物"是实体存在的，如一支铅笔、一台电脑、一架钢琴、一辆汽车……，所有实体的"物"都可以是物联网的宿主。

实体的物固然很好理解，但是这却不是物联网的全部，对于流动的液体同样是物联网感知的对象。在水资源管理领域，水质在线自动监测、重金属含量自动监测、毒性综合自动监测、纳米传感器监控水质、纳米隔膜处理废水等基于液体的领域也是物联网洞察的对象。未来，通过不计其数的传感器，甚至可以深入到资源的原子、量子级别，这相当于读懂流动资源的本质信息，当然可以获得最为关键的数据。

液体如此，气体同样可以被感知。OSIRIS（欧盟 GMES，Global Monitoring for Environment and Security 旗下的综合型计划）曾经模拟"运载毒化学品的列车倾覆事故"，OSIRIS 派出微型无人空中飞行器，通过携带的传感器采集事故现场上空的大气污染物指标、即时影像及气象信息，并将结果上传到 OSIRIS 地面控制站和监控中心，通过大数据生成有毒气体扩散的时空模拟图，并计算灾难紧急程度，给出疏散方案和地点，这是气体环境的感知。

固体、液体、气体没有生命，在"物"的基础上增加一个设备，添加一个属性，自然能获取到希望的信息。那么，有"生命体征"的人、动物是否也是物联网联结的对象呢？看看下面这个场景。

场景再现 I：

皮下组织，这是一个入口。早在 1998 年，Kevin Warwick 教授（英国考文垂大学的副校长）就将芯片植入自己的手臂内，成为世界上第一个体内携带芯片的人，通过芯片可以实现人类的神经系统与计算系统的紧密相连，大脑的电子信号通过神经系统，经手腕传到手掌，执行相应的功能。

看似这样的行为比较疯狂，但是很多身体存在一定缺陷的人群，或者难以照料自己的人群，让大脑通过芯片来控制肌肉的收缩，这样就可以完成很多不能完成的事情。它不仅仅局限于身体有障碍的人群，调查公司 UMR 做了一项调查，结果显示四分之一的澳大利亚人对在皮肤下植入计算机芯片，并通过物联设备进行付款的想法可以接受。

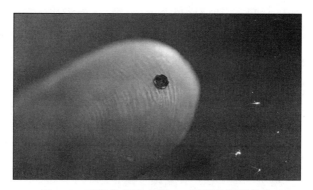

图 5-4　可提供心脏内部 3D 影像的微型芯片

不难发现，物联网的"物"拥有着包容万物、海纳百川的气势，固体、液体、气体等没有生命的物，动物、植物、人群等有生命的物，都可以纳入物联网的范畴，更加值得欣慰的是物联网处于"技术成熟度曲线"的上升通道，也就是说大量的设备都部署了传感器，拥有了感知和传递数据的能力。

相关资料显示：到 2020 年，物联网连接设备数量有望达到 250 亿～ 500 亿台，平均每人有 7 个智能设备，而到 2025 年，将达到近万亿个智能设备，平均4 平方米就会有一个智能设备，城市将被智能设备完全覆盖。

物联网以包容万物的姿态出现，在未来，所有的"物"都将灌有智慧的标签，在"互联网＋"的发展大潮下，云计算和大数据的有力支撑，以及工业 4.0 的广泛应用，物联网将发挥更加关键的作用。

联——联结一切

物体是没有办法进行交流和沟通的，若信息传递不畅，那么将无法形成信息流通的"环"，因此，"联结一切"的能力是物联网至关重要的中间层。

"联"的是一个过程，是物体之间的感知、传输和应用。

1. 感知

我们身边的传感器不计其数，以手机为例，微信和其他 App 的"摇一摇"目前很普遍，这是因为手机内置了速度传感器，它可以感知手机的加速度，当手机在任何方向上运动时，加速度传感器就会有信号输出；指南针应用需要手机可以感应到磁场，这时候磁力传感器就可以派上用场；距离传感器由红外 LED 灯和红外辐射光线探测器构成，负责感应距离，当面部位于听筒附近时，屏幕关闭；光线传感器则能检测环境的亮度，当环境亮度高时，显示屏亮度会自动调高，当环境亮度低时，显示屏亮度也会相应调低；位置传感器可以随时感应地理经纬，为导航和定位提供准确依据；指纹传感器可以验证身份；温度传感器在极端恶劣的环境下关闭手机；气压传感器能用来判断手机所处位置的海拔高度，还有摄像头、麦克风等传感器。

一个小小的手机集成了众多的传感器，通过反馈的数据可以获取大量的可用资源，如加速传感器可以用做计步软件，通过感应手机速度的变化，测量行走步数；磁力传感器和位置传感器不仅可以为导航提供准确依据，还可以在迷失方向时给出正确指引。更重要的是，这些数据会汇聚到云端，大数据激发的潜在商业价值是难以衡量的，即便是简单的计步和导航也会形成商业化的盈利导向，也会有人从中受益。

传感器只是感知层的一个分支，其他常见的感知层设备还包括：条形码、二维码、RFID。

（1）条形码

条形码由宽度不等的多个黑条（条）和白条（空）组成，按照一定的编码规则排列成平行线图案。条形码可以标注物体的生产国、制造厂家、商品名称、生产日期、图书分类号、邮件起止地点、类别、日期等诸多信息（如图 5-5 所示）。

条形码成本低、输入速度快、误码率低，在
商品流通、图书管理、邮政管理、银行系统等许
多领域应用广泛。

（2）二维码

图 5-5　记录简单信息的条形码

二维码是一种特定的几何形状，按一定规律
在平面（二维方向上）绘制，不同颜色图形的分布记录不同的信息。二维码拥有
条形码的众多优质属性，还有一些专属于二维码的高等级属性（如图 5-6 所示）。

图 5-6　欢迎关注作者的微信订阅号

二维码属于高密度编码，且信息容量大，可容纳 1850 个大写字母，或
2710 个数字，或 1108 个字节，或 500 多个汉字，比普通条码信息容量高几十
倍；编码范围广，可以把图片、声音、文字、签字、指纹等可以数字化的信息
进行编码；拥有很高的容错能力，折痕、污损等引起局部损坏时，依旧可以正
确识读，损毁面积达 50% 时仍可恢复信息。同时，二维码误码率不超过千万分
之一，还可以进行信息的加密。

二维码的优势明显，一些证 / 照信息、商业宣传、网站跳转、移动支付等多
领域都采用了二维码作为入口，进行收纳级的信息获取。

（3）RFID

RFID（Radio Frequency Identification，射频识别）技术，通过无线电信号

识别特定目标并读写相关数据，识别系统与特定目标之间不必建立机械或光学接触（如图 5-7 所示）。

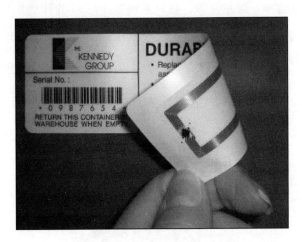

图 5-7　RFID 标签

RFID 和条形码扫描相类似，条形码附着于目标物，通过扫描器读取光信号，进行信息的获取，也就是说需要扫描器对准条形码才能采集信息；RFID 则利用频率信号将信息由 RFID 标签传送至 RFID 读写器，即便没有正面接触，也可采集信息。

RFID 可以忽略使用环境，即便没有可见光，仍然可以读取信息。相对于条形码，RFID 存储的信息更为广泛，也更加安全，不仅可以写入相关信息，也可以在物品不需要信息追踪时，进行去活设置，清除 RFID 内的所有信息，保证信息不被泄露。

RFID 射频一般采用微波，频率在 1GHz ～ 100GHz，非常适用于短距离识别通信。

2. 传输

传感器是物联网的入口，但是采集到的数据即便庞大到无以复加，若没有传输层支持，也只能算是无用数据，因此需要传输的通道将信息递交给云计算、大数据等"网"端，进行计算和处理，传输层主要包括互联网、移动互联网、蓝牙、ZigBee、Z-Wave、LoRa。

（1）Wi-Fi

Wi-Fi（Wireless Fidelity），这项技术不用耗费太多笔墨进行介绍了，它是一种非常普遍的高频无线电信号连接的技术，常用的频率为 2.4GHz 和 5.0GHz，适合笔记本、手机、Pad 等设备接入，同样也适合拥有 Wi-Fi 模块的物联设备。

基于 Wi-Fi 上发展起来的 WIGIG 技术是应对大规模数据涌入的利器，该技术可工作在 40 ~ 60GHz 的超高频段，其传输速度可以达到 1Gbit/s 以上。

（2）蓝牙

Wi-Fi 和移动网络属于高速、大容量传输网络，但是很多时候，物体发送和接收的信息不会产生大量的数据，却需要大量的设备进行连接。这个时候更加需要的是低速网络，又可以分配大量 IP 的传输技术。

蓝牙 4.2 基于 IPv6 协议的低功耗无线个人局域网技术，IP 地址池相对于 IPv4 提高了 N 个数量级，340 万亿的地址池足够物理设备用来分配，蓝牙提供的速度远低于 4G、5G、Wi-Fi 网络，但这并不重要，当物体仅需要发送几 MB 的数据指标时，蓝牙的应对绰绰有余（如图 5-8 所示）。

图 5-8　蓝牙模块

传统的蓝牙多是点对点的配对，蓝牙 4.2 则允许多个蓝牙设备通过一个终端接入网络，设备可以随时加入或断开连接，这样的控制和管理更加方便和集中，比如一个音乐工作室，蓝牙音箱只能和单一设备配对，声音的输出始终是该音箱的，很多时候判断不出音律、音质是否是最佳的，多点连接则通过蓝牙动态路由连接所有设备，让不同的音箱同步工作，从而形成立体声的效果。

（3）ZigBee

蓝牙技术虽有诸多优点，但弱势也同样明显，比如技术过于复杂，功耗大，传输距离有限，最重要的是蓝牙模块价格长期保持高位。

物联领域，尤其是工业自动化领域需要大量的设备，设备成本过高显然会影响后期的战略部署。因此，蓝牙设备不太适合部署在规模化的工业领域，同时蓝牙功耗较大，仅有数周的电力支撑很难维系不间断地生产运行。

市场需要低功耗、低成本、短时延、高容量的技术来应对巨量规模的工业网络，于是 ZigBee 技术应用而生，ZigBee 是基于 IEEE802.15.4 标准的低功耗局域网协议，两节 5 号干电池可支持 1 个节点工作 6 ~ 24 个月；通过简化通信协议，ZigBee 价格不到蓝牙的 1/10；相对于蓝牙和 Wi-Fi，ZigBee 的响应速度更快，睡眠转工作仅需 15 毫秒，蓝牙则需要 3 ~ 10 秒，Wi-Fi 也需要 3 秒左右，在容量方面，ZigBee 可采用星状、片状和网状网络结构，最多可组成 65 000 个节点的大网，这无疑可以让更多的设备融入到统一网络环境，实现集中化管理（如图 5-9 所示）。

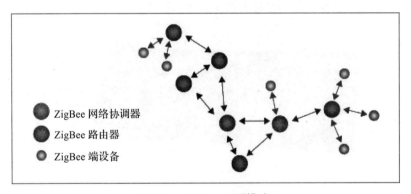

图 5-9　ZigBee 组网模式

ZigBee 技术在短距离局域网中优势巨大。

场景再现 II：

夜游公园，明亮的路灯当然是游人的最爱，很多路灯都保持着"恒照度"，就是说，不管有人没人，都是最大限度地照明，这样自然是费电的。

图 5-10　应用 ZigBee 无线技术的路灯

　　还有些路灯，通过时间控制（19 点 ~ 7 点开灯）来控制路灯的使用，电力节省了，但是仍然没有最大限度地优化能耗，比如要想关闭某个路灯，只能手动关闭，要想在深夜调低路灯的亮度更是无法办到。

　　济南园博园为节省能耗，缩减费用，更加合理地利用资源，园区所有的功能性照明都采用了基于物联网的 ZigBee 无线技术达成的无线路灯控制。

　　超过 1000 个节点应用 ZigBee 路灯，通过后台可以打开 / 关闭任何一个路灯，完全不用现场操作，如果想调节路灯的亮度，也可以通过后台来完成。当故障出现后，控制中心可以准确获取故障灯的位置信息，工作人员可以在第一时间内进行维护，故障率、维护率等全部了如指掌。

　　"智能化、人性化"的设计理念，让科技点亮了济南园博园。

　　（4）Z-Wave

　　和 ZigBee 类似，Z-Wave 也属于短距离低功耗的技术，数据传输速率为9.6Kbit/s，信号的有效覆盖范围在室内是 30 米，室外可超过 100 米。

　　很多家用或者酒店的物物信息传输较少，9.6Kbit/s 的窄带宽应用场景完全可以满足需求，因此，Z-Wave 在智能家居、酒店控制管理、农业自动化领域应用广泛。

（5）近场通信

近场通信（Near Field Communication，简称 NFC）是一种仅需要彼此靠近，即可实现的数据传输技术。

在一些应用场景中，比如门禁身份认证，当我们驾车通过某个闸口，集成感应式读卡器自动识别车辆的身份信息，实现快速通过，这无疑会节省很多时间。类似的场景还有票务信息读取，当举办奥运会、世界杯等重大赛事时，手工检票的方式完全不可能实现，这就需要 RFID 信息读取和近场通信技术。

公交汽车、轮渡、餐厅、电影院、便利店等营业网点的电子支付，商品的防伪扫描识别，物流领域的非接触式扫描等场景同样适合近场通信技术。

（6）移动互联网

有些数据需要上传到云端进行再加工和再处理，Wi-Fi 可以办到，但是 Wi-Fi 的信号范围不足以完成全方位的无死角覆盖，一些时候需要通过数据网络或者蜂窝网络进行上传，也就是我们所说的 2G、3G、4G 网络（如图 5-11 所示）。

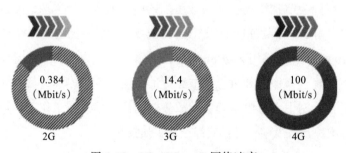

图 5-11　2G、3G、4G 网络速率

2G 网络带宽为 0.384Mbit/s 每用户，传输速度较慢，基本上已经被淘汰，3G 网络是在 2G 的基础上发展了高带宽的数据通信，带宽为 14.4Mbit/s 每用户，传输物体的实时数据、图像等信息没有太大压力。4G 网络是集 3G 与 WLAN 于一体，能够传输高质量视频图像的技术，带宽可以达到 100Mbit/s 每用户，即便是监控级别的数据传输也得心应手。未来 5G 网络的发展，最高 10GB/s 的传输速度，1 毫秒以下的延迟，任何数据基本上是即时送达。

这是长距离数据传输的一项技术，另外一项较为流行的技术是 LoRa。

（7）LoRa

目前的 3G、4G 网络还需要 SIM 卡作为入口，费用高，且不可能所有的设备都需要配备 SIM 卡，然而设备有时需要直接面对数据中心，长距离传输又是未来的必备属性，LoRa 应运而生。

LoRa 是一种专用于无线电调制解调的技术，融合了数字扩频、数字信号处理和前向纠错编码技术，通过使用高扩频因子，可将小容量数据通过大范围的无线电频谱传输出去，使长距离传输成为可能，同时 LoRa 功耗较低，非常适合现代工业领域应用。

对于需要联结一切的物联网来说，低功耗、低成本、高效率的广域网络是物物信息交互的保障，随着标准和协议的不断完善，短距离、长距离、超长距离的连接已经成为可能，这为物体上传信息、执行命令打下了深厚的基础。

3. 应用

应用层也是一个执行层，它需要在应用场景中，执行云端反馈的命令。如农业的物联网设备执行上层数据中心发来的调控温湿度指令；交通领域的设备动态调控信号灯时间；工业环境的机器人根据大数据的处理结果，执行精细化的操作。

这就是物联网在应用层，或者说是执行层所需要完成的工作内容，这一环节主要是执行顶层计算和处理中心下达的任务，这里不再赘述。

网——网罗天下

"网"通常会被理解为我们传统意义上的互联网，但是物联网的"网"则更加倾向于运算层面，要求具有分析和处理数据的能力。

汇聚信息和数据的网络架构，这是"网"的一个功能，但却不是全部。

太多的数据和信息被有效汇聚，如果仅仅是存放，显然没有任何实际意义，数据需要分析，需要挖掘，需要看清最本质的东西，这就需要云计算与大数据的全力支持。

1. 云计算

云计算拥有超级计算能力，支撑其运行的服务器多达几十万台，甚至数百万台，这些服务器聚合到一起，它们提供的计算、存储、应用是很多大型机、巨型机无法比拟的，在云端甚至可以提供每秒超过 10 万亿次的运算能力，存储的空间更是恐怖，PB（1024 TB）级、EB（1024 PB）级的海量数据也可以通过多组数据中心的联合计算从容应对。

随着物联设备的蜂拥而至，每日的访问量甚至会以"亿"为基准计量单位，即便是高性能的并行计算也很难在短时间做出准确反馈，云计算依靠弹性扩展能力可以支持超多设备的大量请求。

2. 大数据

"挖掘源于分析，分析源于整合，整合源于汇聚！"

物联网汇聚了数以亿计的设备信息，以传感器为基础构建数据世界，实现物体场景再现，这是现实世界的物体与虚拟世界的数据的对应，物体的所有特性被剥离出来，更加细致，更加精确，也有了更多的数据模型需要处理。

在大量数据中，有诸如表格、文字、数据库等简单的结构化数据，很多计算机语言处理此类数据比较容易，但是图像、语音、视频等非结构化数据，难以用简单数字来计量的信息，相应地对后端的计算机处理能力提出了新的要求。

大数据拥有数字识别、面部感知的能力，可以从图像和视频中抓取数据，并生成可以二次分析的结构化数据。对于大数据来说不恐惧巨量的数据和差异化数据，而是恐惧没有数据，或者数据太少，只要物联网可以将数据递交给云数据中心，大数据即可完成数据仓库的挖掘工作。

互联网带来"人"的信息化，而物联网则将整个世界信息化，物的信息交互和连接让没有生命特征的、呆板的物体也可以发出声音、执行命令，然而简单地、重复性地完成指令，并不是物联网的真谛，真正的物联网需要在云计算和大数据的指引下，实现无控的自然智能设计。

无控状态的自然智能设计

市面上很多智能设备还离不开一个介质，那就是手机，用手机控制灯光，用手机开启空调，用手机选择电视节目……设备的操控和管理集中在用户手机，它代替了传统的开关和遥控，但是很多时候还需要经历"找寻手机→打开App→控制设备"这一系列步骤，远不如直接触控电源开关来得实在。

"操作"或者"控制"，依旧是上一代智能设备的代名词，坚守手机作为物联入口，痴迷手机中心化的思维，迟早有一天会让用户厌烦这样的应用模式。"互联网＋"引领的智能是要极大地忽略操控的理念，而更多地采用无控设计。

比如，Nest 集成的传感器，可以不间断地感知室内的温度、湿度、光等环境的变化，当红外线判断出室内有人员移动时，可以开启空调，保持室内的舒适温度。如果用户自行设定温度，Nest 会将数据传递到云端，云计算记录用户的每一次温度喜好，以及作息时间，经过一段时间的记忆、积累和学习，可以通过算法自动生成一个设置方案，只要用户的生活习惯没有发生变化，室内温度就会保持一个令其最舒适的环境指标（如图 5-12 所示）。

无控状态是物联网发展的极致，在这个发展过程中不得不说的一个理念就是"自然智能设计"（Anatural Intelligent Design）。我们走步、骑车时，不会关注手臂是如何摆动的，也不会关注双脚和双腿是如何配合的，这是自然形成的规律，自然可以让我们忽略不计，物联网也是需要这样的设计理念。

图 5-12　Nest 恒温设备

当我们的照明系统、温控系统、供水系统可以按照每个人的生理指标给出最切合实际的指引，当我们的孩子不再理解电源开关是什么概念，当生产系统可以自动检测、订购、维护自身硬件，当所有的一切都如平常生活一样，那时的物联网才真正的"物联网"。

第3节 融入"互联网＋"，创造更多奇迹

物联网能造就什么样的世界，每个人心中都有自己的答案，有些人会不屑一顾，有些人会不吝溢美之词，我们不会刻意地夸大或贬低物理网在现实世界的生存空间，而是客观地介绍一下当今社会的物联网生存状况。

他的"物联网世界"

他是谁？他是IT界的传奇——比尔·盖茨，他营造的是什么样的世界，那是一个超越智能的物联网世界！

先来看看这幅图（如图5-13所示）。

图5-13　比尔·盖茨的物联网豪宅

当看到这幅图时，大多数人惊讶于世界上最大的鲸鲨在厅堂巨大的水族馆中自由遨游，犹如置身于海底世界，异常壮观。然而，比尔·盖茨的豪宅并非只是粗暴式的装潢，其内部的高科技装备，尤其是物联网设备的广泛应用，更加让人惊讶。

访客从进门开始，就会领到一个内建微晶片的胸针，可以预先设定你偏好的温度、湿度、灯光、音乐、画作等条件，无论你走到哪里，内建的感测器就会将这些资料传送至 Windows 系统的中央控制中心，将环境调整到访客最舒适的设定，这就是我们所说的"宾至如归"吧。

自由调节温湿度、灯光、音乐，以及喜欢的画作，自然需要后台强大的数据中心作保障，但是如果物体没有"生命"，无法执行指令，即便后台再强大，也是无法实现的。物联网将所有的物体增加了感应、搜集、传递、执行的标签，让它们合而为一，自动执行。

未来商店

传统的商店、超市依旧保持选购商品→扫码结账→支付款项的流程，尽管扫码拥有了物联网最基本的功能，在线付款激活了互联网与银行的跨领域结合，但是这样的模式依旧是低效的，这从大型超市高峰期长长的队列中可见一二。

超市和商店，条形码已经算是标配的物物标签了，但是条形码有一个缺陷，那就是只能通过扫描枪来读取条形码中的信息，这就造成了数据读取的低效，如果将条形码换成 RFID，那么效果将完全不同。

前面介绍过，RFID 不必建立机械或光学接触，也就是说 RFID 标签和读写器在一定范围内，信息就会自动读取，于是这样的购物模式就会成为现实（如图 5-14 所示）。

首先，购物车中安装一个集成 RFID 读写器的显示屏，当货物装进购物车时（随意放置物品，不必对准商品的任何位置），读写器自动读出产品信息和价格，并呈现在显示屏上。消费者购物完毕，核实显示屏上的清单和价格，通过网上银行进行付款。

RFID 则对已经付款的产品进行去活设定，保障已购产品带离商店时不会报警，也让未付款商品无法带离商店。基于物联网的购物体验，不仅提高了购物效率，也大大减少了商店的收银人员，这就是未来商店的购物模式。

图 5-14　未来商店的智能购物车

让人流连忘返的智慧酒店

有一些酒店纯粹是为临时居住，比如快捷酒店。还有一些酒店则是为了"体验"而生，科技驱动的智慧酒店会让居住者流连忘返，客户黏性就此建立。究竟是什么样的酒店，下面的"体验"已经成为高端酒店的常态。

"房卡"不再是开门、取电的工具了，融合了 RFID 的房卡，会联动迎面墙上的显示屏，通过屏幕的房客引导系统，引导房客进入房间；当距离房门 2 ~ 3 米时智能红外感应自动开门，并在开门时，房间的背景音响会在不同的区域播放不同的歌曲；智能环境监控会自动开启净化系统（比如空调、窗户等），提升空气质量；集成了光线传感器的窗帘，可以在第一缕阳光升起时自动打开；视频传感器会将门外的视频图像直接传送到电视机上，房客可以通过手机端的 App 打开房门，或者直接对话（如图 5-15 所示）。

当然，App 的功能还远不止这些，电视遥控、灯光遥控、窗帘遥控都整合在一个平台之内，还可以通过手机进行订房、续租、退房等一系列融合移动互联的生态系统。

然而，这只是当下的科技驱动，未来呢？物联网衍生的智能空间会延伸到何种程度，很值得我们期待。

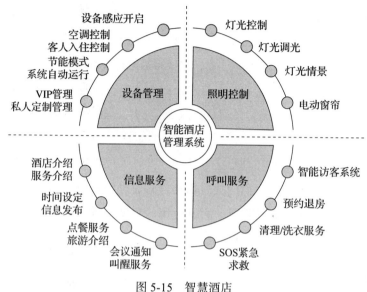

图 5-15　智慧酒店

军队全资产可视化系统

场景再现Ⅲ：

第一次世界大战时，士兵作战日平均物资消耗量为 6 千克，第二次世界大战增加至 20 千克，20 世纪 50 年代朝鲜战争期间，美军人均消耗量为 29 千克，60 年代越南战争期间达到 117 千克，70 年代的第四次中东战争，以色列士兵人均日消耗作战 250 千克，海湾战争时美军装甲师人均日消耗物资 500 千克……

士兵需要作战物资，后勤保障部门需要提供大量的资源，然而由于缺乏管理，战时物资并没有完全被利用，第二次世界大战时期，美国国防部向前线陆军运送 4 万个集装箱，由于标识不清，其中 2.5 万个集装箱被重复开箱，另有 8000 多个打开的集装箱并未打开，未能使用。

战时物资和装备消耗量呈现指数级增长趋势，短期内，战时物资不会有削减之势，缺乏管理，无疑会加剧浪费，物资几乎全部是以实体形态出现，如果给每个物资一个 RFID 标签，那将是怎样的场景呢。

通过物联网，所有的物资管理都实现自动化。实时的供应链动态数据，使得工厂到散兵坑的运送变成完全可视化，库存不需要以"量"作为保障，所有的需求全部来源于战场物资的变化。"士兵需要什么，后勤部门提供什么"，保障不再是储备式的，而转变为配送式，这使得后勤保障的机动性大大提升。

美军依靠全资产可视化系统，相对于海湾战争，海运量减少了 87%，空运量减少了 88.6%，战略支援装备动员量减少了 89%，战役装备储备减少了 75%，为美军节省了几十亿美元。

当然，战争是恐怖的和具有灾难性的，世界人民都不希望有战争行为，但是战备却是不可或缺的，我们的战时物资如果通过物联网，不仅可以节省巨大的经费，效率也会呈现大幅提升。再从应用的角度上看，军队这样庞大的系统都可以借助物联网改善物资系统，还有什么行业不能依靠物联网呢？

大型赛事

田径赛场上，百米飞人大战是最吸引人的，运动员为了赢得 0.01 秒的起跑速度，不惜提前做出技术动作，抢跑在百米飞人大战中变得非常普遍。单靠裁判员的目光判断有时会有误差，这在冲刺阶段更为明显。

传感器的加入，让判断变得更加准确，DTR 无线发令传感器、STS 发令装置、STS 电子起跑器、STS-DTR 电子终点计时器、STS 运动反应检测控制器、STS-FDM2 田径测距仪在各个领域记录和分析各项指标，保障竞技公平。

另外，对于参与者众多的比赛项目，物联网的优势更为明显，比如数万人参加的马拉松或者铁人三项，主办方会在运动员的鞋子上安装 RFID 标签，当运动员通过埋设在地面和地下的感应天线时，读写器开始进行数据识别，记录运动员的每一个行进路线，防止欺骗行为的发生，提高比赛的公平性和透明性。

广泛应用物联网的领域不仅仅局限于比赛项目，大型赛事的入场门票基本上都融入了物联网技术。当数万人在一个时间范围内同时涌入场馆时，传统的检票行为会耗费大量的时间，也会耗费大量的人力，而集成了 RFID 标签的门票，可以在进场时自动显示持票人的相关信息和观看的比赛项目，数据中心可以自动判断出是否可以进场，基本上可以做到刷票即刻进场的高效率，检票人员只需要对异常行为进行处理即可，大大提升了进场效率。

机场等公共领域

第 4 章曾经介绍过，通过电子围栏划分一个可以识别的信息区域，利用移动互联的信息获取和推送能力进行定向宣传。

电子围栏技术被广泛应用，比如机场，利用光线传感器、压力传感器、温度传感器，当非法人员闯入电子围栏区域，后台将会自动触发预警程序，保障机场的运行安全。

儿童的智能手表也可以划定电子围栏，通过 GPS 定位儿童的位置，当儿童的运动轨迹跑出电子围栏区域后，会自动向家长手机报警（如图 5-16 所示）。

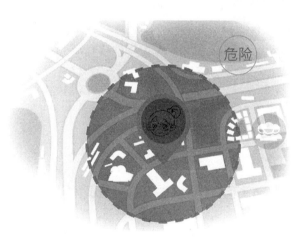

图 5-16　智能手表电子围栏系统

这些都是物理网在现实生活中的落地。

我们……

知道蔬菜、肉类的上市时间和它们的成长历程吗？知道食材的营养成分吗？知道怎么搭配对身体最好吗？知道调料的搭配比例吗？

也许，很多人认为这些信息需要复杂的查询，不希望过多的介入，但是笔者相信还有很多人希望健康的饮食，只不过希望这个过程能足够简单。

其实，在物联网的世界里，仅仅一张"桌子"和云端的数据支撑就可以解决。当西兰花放到这张"桌子"上就可以显示它的成长历程、营养成分，如果放上其他蔬菜，可以提示什么菜肴更为可口、更加营养；如果需要制作，"桌子"会给出相应的操作步骤，还会对需要的食材进行称重，我们需要做的仅仅是按照步骤进行烹饪即可（如图 5-17 所示）。

图 5-17   一张有智慧的桌子

这才是智能家居的未来走势。

第 4 节   互联网＋物联网，奠基智慧社会

多种行业面临着产能过剩的危机，这不单是行业危机，也会影响社会层面的稳定运行。在产能过剩的领域中，多数是价值较低、功能性较容易实现的产品。直面产能过剩，需要全信息获取，包括常规性的信息和物体反馈的信息，再通过"互联网＋"技术实现连接赋予价值的目标，打造智慧的生活。

智慧地球

在日常生活中，人们衣、食、住、行等各个环节的节奏开始加快。对于电力系统、供水系统以及燃气系统，人们希望足不出户地完成费用的缴纳；出行所涉及的铁路、公路、水路，人们希望可以通过平台来完成快捷的预定，并且希望提供准确的导航和全球定位；对于穿衣、吃饭等和人们密切相关的日常行为，更是希望可以通过电子商务平台随时订购，及时送达。

物联网、移动互联、云计算已经实现这样的行为，我们看到的世界越来越数字化、扁平化，跨国资金交易和国际间信息订阅已经在现实中得以体现，应用层面已经具备了很好的操作性。但不可否认的是，大量的系统相互分割，人们操作任何一个系统都需要不同的身份验证，人们希望可以利用红外感应器、射频识别、系统芯片来完成最终的任务过程。

未来信息科技的理念需要尽可能地简化操作，嵌入电力、供水、燃气、铁路、公路、水路、电子商务等各种物体或者系统中的感应器越来越多，庞大的"物联网"已经形成，接下来就是需要借助云计算的强悍计算、分析、执行能力让所有的系统数字化、智能化的运作，完成不同行业全部系统的集成和整合，形成真正的生态系统（如图 5-18 所示）。

图 5-18　智慧地球

在未来，所有事物、流程、运作、执行都会更加智能，智慧地球会利用传感器反馈的丰富而又实时的信息，通过大数据的智能分析得出更加智慧的决策，电力、供水、燃气、铁路、公路、水路、电子商务等与民众息息相关的领域，会在灵活、动态的流程下智能运作，国家也会在军事、社会、财务、水利等方面得到准确的数据报表支持和合理化的数字建议。

智慧地球为整个社会带来了节能、便捷、高效、完善的变化，比如早前电网效率较低，电能损失会达到总电能的 60% 以上，可以通过智慧采集数据对能源系统进行实时监测，快速获取和分配电力，一旦发生故障也可以快速地侦测到故障点，避免电力的无谓损失。再配合"智慧工厂""智慧家居""智慧能源"的应用和管理，使电力在花费和损失上同步减少，通过智慧的力量让能源形式拥有端到端的洞察力和解决力。

互联网拉近了人与人之间的信息距离，一条信息会在几秒钟内传播到全球各个区域，物联网借助于互联网的通信能力，将"物物相连"，实现物体信息的远程交互。地球的时空距离并没有缩短，国际交往却日益频繁，地球村距离我们越来越近。

智慧城市

高楼大厦仅仅象征着城市向着现代化的方向发展，但是验证一个城市是否具备高度文明，并不是凭借多少个混凝土结构的有形资产就可以定位的，知识流动、社会架构、人力资本、社会资本、信息建设同样是城市化竞争力的重要象征。

智慧城市是智慧地球的体现形式，同样依靠云计算、物联网、地理空间基础设施等新一代信息技术，同时辅以移动互联技术，围绕城市建设的诸多方面设计顶层架构、咨询规划，针对智慧技术、智慧产业、智慧项目、智慧服务、智慧治理、智慧人文、智慧生活做出整体解决方案，并应用到智慧交通、智能电网、智慧物流、智慧医疗、智慧食品、智慧药品、智慧环保、智慧水资源、智慧气象、智慧企业、智慧银行、智慧政府、智慧家庭、智慧社区、智慧学校、智慧建筑、智能楼宇、智慧油田、智慧农业等诸多方面（如图 5-19 所示）。

智慧城市作为战略性方向被提出，通过信息化建设提升核心竞争力，构建跨行业、跨区域、跨平台的智慧城市信息化基础，全面推动城市、政府、社会、公众的信息化发展。

智慧社区

智慧城市涉及方方面面，智慧医疗减少排队时间，降低医患矛盾，提高医疗质量；智慧交通有效减少出行成本和时间，提高出行效率和质量；智慧政务更加注重政府的行政管理能力和与民众的良好沟通能力；智慧教育让学生接触更广泛、更全面的信息知识，智慧城市还有一个重要的环节，那就是智慧社区。

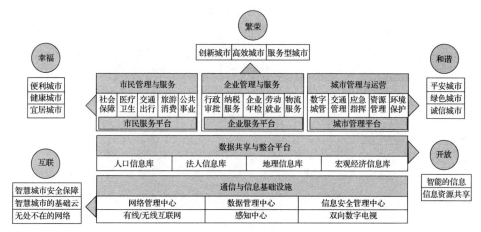

图 5-19 智慧城市

之所以将智慧社区单独介绍，是因为智慧社区的应用和老百姓的距离更近。智慧社区是智慧地球的一个分支，它是以住宅小区为平台，利用互联网技术、云计算、物联网，将智能楼宇、智能家居、智能安防融入到整个社区的物业服务、社区管理、城市生命线管理、食品药品管理、家庭护理、个人健康等增值服务中。

物业管理方面，通过物联网可以对监控系统、门禁系统、消防系统、停车场、电梯实现远程智能化管理；社区内居民的网上购物、在线订餐，以及社区内的其他商业行为，都可以通过电子商务平台进行快捷付费和足不出户的采购；家中有行动不方便，或者是空巢老人，我们会担心他们的生活起居，通过老人携带的各类传感器，利用物联网技术可以实时地监控老人的生活状态和身体机能，并在发生危险时，自动向亲属和医护人员报警。

以信息化为驱动基础，全面推动社区生态转型，智慧社区拥有了数字化、无线化、移动化、物联化的特征，社区内居民的个体安全和整体安全都得到了提升，日常生活的必需品也可以实现足不出户的购置（如图 5-20 所示）。

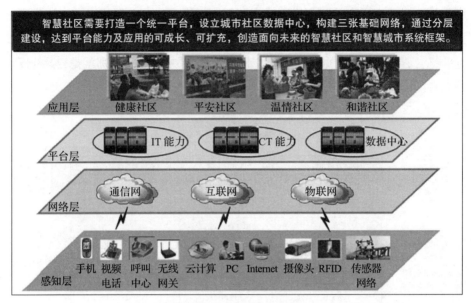

图 5-20　某智慧社区展示

　　云计算和物联网的强强联合，让社区管理人员对决策和管理方式有了全面认识，智能化的管理让辖区内的多个独立系统有机结合，减少物业和业主之间的纷争，社区居民的消费方式和生活方式更加惬意，同时也更加安全，智慧正在将社区推向生态高效、应用发达、全面管理的新一代社区。

　　目前，实体基础设施和信息基础设施所形成的物联网拥有了以往难以企及的数据和信息资源，这些资源如果得到充分的分析和合理的应用，那么智慧的行为将会充斥在我们生活的任何一个角落。

　　虽然物联网渗透到社会的各个领域，但是完全取代传统行为绝非是一朝一夕的事情，也不是几项关键技术和行业标准就能达成的，这是一个缓慢的过程，需要在"互联网＋"的框架下，充分利用跨领域的技术进行融合，深入发展。

第 5 节　"互联网＋"引领的物联网

　　全角度的 RFID 和传感器，已经开始颠覆传统社会生活模式，可穿戴设备作为最普遍的入口已经在物联网中找到准确的切入点，但仅仅是设备汲取信息、执行简单的指令，这仍属于物联网低层面的应用。

随着"互联网＋"的深入，计算层面的支撑不断涌现出来，并不断注入物联网领域，这让物联网拥有了更多的特性。

虚拟场景中塑造更加真实的物联形象

我们在互联网的世界中，畅游的时间越久，留下的痕迹也就越多，当然我们在网络中的虚拟形象也就更加真实。比如，频繁在团购网站的美食频道下单，生活中也多半有"吃货"倾向；购物类网站的待收货清单中长期显示 N 多的待收订单，生活中也是一个购物达人；读书类 App 中罗列了大量的电子书籍，是文艺青年的可能性更多一些，这些无疑是我们在互联网或者移动互联网中留下的虚拟形象。

尽管这些基本形象很贴切，但是他们之间是互相割裂的，没有实际的联系，也许某个消费就是一个喜欢购物的文艺青年，同时伴有"电影狂人"的特征，但是通过单一 App 或者账户很难全面描述。

互联网领域如此，物联网领域同样如此，比如智能家居、车联网，如果将所有的物物信息隔离，顶层的计算架构无法准确识别当前用户的偏好，当然也就无法提供更准确的服务。个人的虚拟物联形象需要绘制，放大到社会领域，整个城市的虚拟形象也需要在场景中不断汇集，不断建模。

比如路口的交通管理，物联网可以汇聚车流量信息，递交给大数据进行分析，并给出合理的路口交通灯变换时间。但如果将所有的时间段进行隔离，大数据没有完整的汇聚，那么也许给出的计算结果是早晚高峰异常拥堵，闲时候车却又遇到长时间的红灯等候。

因此，物联网需要在"互联网＋"的框架下，利用多种工具对内容场景进行拼接，绘制虚拟形象。对于个人来说，在家中可以获得心仪的美食信息，舒适健康的生活环境；出行时，物联网会推荐自己最喜欢的路线、景点，以及食宿信息。对于企业来说获利更大，产线的所有产品都可以追溯，客诉和批次性问题都有源可查，同时物联网营造的市场走势图，可以更加清晰地为决策者提供营销依据，物联形象会随着生态系统的建立越来越完善，产生的后期影响也会更有价值（如图 5-21 所示）。

物联网络

图 5-21　全面物联形象

新型生态系统

"智能手机"取代"功能手机"的战役，催生了大批智能手机制造商，尽管每个厂家主打的亮点不同，但是在消费者心里仍然难以逃脱"千篇一律"的印象。

手机如此，智能手环也是如此，几乎是一夜之间，大量的智能手环制造商涌现出来，功能多是计步、测心率、记录睡眠质量，大量的产品拥有相同的属性、模型，甚至在价格方面也相差无几，"同质化"在落地环节变得非常普遍。

在"超摩尔定律"的指引下，硬件设备的诞生非常容易。但是一个只有记录功能的手环或者其他智能设备，使用的时间久了，就会丧失原有的新鲜感，多半会束之高阁。避免同质化，需要考虑的不仅仅是物联网的入口，而是要从顶层、从全局的角度来运筹物联网，未来的物联网竞争不是靠产品取胜，而是依靠生态系统制胜。

生态系统包含如下要素：延伸的产品和应用，消费者支持群，研究设计组织，政府和立法机构，国际组织，领先用户。也就是说，物联网需要政府、法规的支持，还需要符合国际通用标准，最重要的是有延伸的产品和应用，从而打造立体的物联网生态系统。

以可穿戴智能设备为例（如图 5-22 所示），当注入了语音识别、语义分析处理技术后，设备可以捕捉到我们人类的语音指令做出相应的动作，比如进入家门，手环和上层控制中心交互后，主人下达"开门"的指令，可无钥匙开启房门，这样做既可以预防无意中开启房门事故，也可以减少开门的动作，当然未来的物联网生态系统更多地倾向于整合和无控。

图 5-22　可穿戴智能设备控制门禁系统

进入家门后，自动感应用户，开启恒温空调；准备驾驶汽车，自动识别身份信息，核准后开启引擎；逛商场，看到心仪的商品，抬起手腕，语音确认付款即可完成交易；地铁、院线、机场、图书馆等大量的公共领域，通过可穿戴设备，再辅以语音识别即可完成多种需求。

如此可穿戴设备才能和用户融为一体，才能成为用户感知的延伸，才能真正成为"智慧"。

"大""云"支撑

事实上，设备本身不值钱，通过设备获得数据这才是真正的核心，实现人、机、云端高级、无缝的交互，再通过大数据的分析和挖掘，才能获得最大的利润和价值。

第 2 章与第 3 章已经介绍了云计算和大数据，这里不再赘述，需要说明的是这两个技术并不孤立，适用于各个领域，也适用于多种计算，只要有数据。

虚拟现实

物联网这张大网将众多物体纳入网络世界，人类的感知和操控能力也被极大地扩展了，作为人体感知能力的进一步补充和延伸，物联网的作用功不可没，和物联网密切关联的下一个智能硬件科技趋势是日渐红火的"虚拟现实"。

作为感知情景的"虚拟现实"技术，我们会在第 6 章详细介绍。

反哺工业 4.0

Wi-Fi、移动互联、智能蓝牙、ZigBee、RFID 等诸多技术不断改进，有效覆盖范围和传输速度在以"倍速级"提升，家庭环境的物联网覆盖已经在很多大城市落地。在企业和社会无缝融合物联网才是价值的真正所在。

工业 4.0 技术的长足发展削减了人员的交互，这得力于机器之间的彼此对话，而这对话的关键来自于物体和设备之间的"生命体"般的交流，ZigBee、RFID 等技术让设备可以读取物体的关键信息，通过云计算或者中央控制系统，将物体准确传递到下一个节点，这种 M2M（Machine to Machine，机器对机器）的模式，让流程变得智能，让产线变得更加有效率，这是物联网反哺工业 4.0 的时代，是物联网价值激活的时代。

写在最后

物联网在技术和实用之间的联姻，产生了新的机会并且有了更高效率。在未来，物联网将会全面"入侵"我们的生活，也许它只是一双筷子、一只碗，所有的物体都将生硬的数据转化为实实在在的洞察，进而帮助人们做出正确的行动决策。

当每台设备都具有数据收集价值时，也会催生新的商业模式。在某些领域，物联网已经成为经济指数级增长利器，我们已经生活在物理网的世界里。接下来，更加深刻地了解我们生活的世界吧，也许一个想法会在很短的时间内变得价值连城。

6

|第6章|

虚拟现实，全景模型感知

下面这部电影相信很多科幻迷都非常熟悉——《钢铁侠》，剧中的男主角托尼·斯塔克坐在高高的桌子上，眼前呈现的是多维的画面，透过全息投影，城市的每一个细节显示得清清楚楚，随着手势的变化，建筑物自由地放大、缩小，或者切换……（如图 6-1 所示）。

图 6-1　托尼·斯塔克的虚拟现实世界

毫无疑问，电脑特效在这里占据了主导地位，但是我们依旧被震撼的效果所折服，同时，一种想法也油然而生：这样的技术能不能出现在我们的生活之中呢?

今天也许是幻想，但是在不远的明天，这样的技术或许会大规模地遍布在我们身边，说出这项技术的名字，相信大家并不会感到陌生——虚拟现实（Virtual Reality，VR）。

从字面上可以很容易理解这个技术的含义，就是通过技术创设类似于现实的虚拟场景，这算是对虚拟现实最直白的介绍了，但如果深入探究，虚拟现实远不仅仅如此，它可以创造何种价值，可以应用到哪些领域都是很多人不曾想到的。

接下来，我们将带你走进一个虚拟却又真实存在的世界。

第 1 节　水中月，镜中花

场景再现 I：

沉浸在巨大的"镜子迷宫"，找到出口似乎很难，光在传播过程中折射和平面成像，让所有的镜子形成了数不清的光反射，大脑判断产生误差，于是，我们迷路了（如图 6-2 所示）。

图 6-2　镜子迷宫

但事实上，通往出口的路是"现实"存在的，不会因为镜子的反射而发生任何改变，是镜子中看得见、摸不着的"虚拟"镜像，时刻干扰着我们的选择。

虚拟和现实的边界时而清晰，时而模糊，我们不禁会产生疑问：两者之间真的就像"水中月，镜中花"一样，难以让大脑形成最为正确的判断？

所以，我们在谈及虚拟现实之前，先来聊聊什么是现实，什么是真实。

什么是真实

人们往往认为"看得见、摸得着的"才是真实的，就像一支钢笔、一台笔记本电脑，或者是一杯水。还有一种真实，是人们约定俗成的。比如信号，Wi-Fi 的信号，手机的 3G、4G 信号，遥控器的信号，还有光谱上有很多人类肉眼看不到的色彩（比如红外线）。这些既看不到，也摸不到信号，人们也认为是真实存在的，原因是这些知识已经根深蒂固到人们的脑海里，按照思维定律，这算是约定俗成的。

但如果拿着手机穿越到 500 年前，对着天空和当地人说"我正在搜索手机信号。"想必，一众人等都会认为遇到了傻子。不用细说大家也能明白，信号在 500 年前属于未知的领域，大家的不理解也属于正常。

然而，你能说信号不是真实存在的吗？

当我们身处在科技尚不文明的时代，我们同样会认为这是不真实的。于是，针对真实（或者说现实），我们是否可以这样定义：由生活经验触发，可以知晓的看得见或者看不见的实物/非实物，再通过语境、周围环境可以对这个"物"进行描述和理解，这就是现实。

"现实"的概念不难理解，接下来，再来说说虚拟。

何为虚拟

这不是一个故事，这是一个真实的事件。

1838 年，奥森·威尔斯改编了一部讲述外星人入侵的小说《地球争霸战》，并在无线电广播里播放了这个新闻般的"节目"。"节目"开头已经向公众播报了这是个娱乐性节目，但是没有听到开头的听众误以为真，惊恐的人们驾车逃亡，高速公路一度堵塞；持枪的民众向"水塔"开火，因为他们误认为这是外星人的飞船；一些地质学家同样被愚弄，冲向新泽西州的降落地点，去研究外星飞船周围的那些陨石……

完全虚拟出来的故事植入民众的大脑里，却激起了轩然大波，人们开始怀疑自己分辨真实和虚拟的能力，然而这仅仅是创造的听觉场景，没有加入任何视觉、嗅觉、触觉等场景，却依然足以让听众的情绪出现最糟糕的困惑和疑虑。

于是，这里引出一个有趣的辩论：人的大脑是否可以分辨虚拟和真实？还是根本就不太在乎某种体验到底是真实的，还是虚拟的？

事实上，在观看 3D 数字化模型与对应的真人时，大脑神经元放电模式的几乎全无分别，在分辨虚拟和真实时，大脑判断经常会出错。

人的大脑在某些情况下确实无法分辨虚拟和真实，如果将月亮投影到平静的水面，人在失重状态下，在悬浮空中时，会丧失某些判断。因此，人们会接受自认为是正确的观点，哪怕这个观点是不复存在的，是虚拟的。

于是，我们对虚拟可以这样定义：为视觉、嗅觉、触觉、听觉所创造的并不存在的世界或者环境，这个世界 / 环境和我们现实经历的世界 / 环境在大脑中完全重叠，导致大脑在很大程度上无法正确地区分。

既然是这样，我们对虚拟现实的理解也就更加明了了。

虚拟现实技术利用计算机仿真系统，生成一种模拟环境，以多源信息融合的、交互式的三维动态视景呈现，由于过于真实，可以让用户的实体行为完全沉浸在这个环境中，甚至无法分辨自己所处的环境是否是虚拟的。

为何要虚拟"现实"

有些实物在现实世界是存在的，可以使用，也可以研究，但是有很多实物是无法生产的，也就无法研究，比如火星的地理状况。如果可以通过数字技术，绘制火星的地貌、岩石、山体等"现实"的地理，未来登陆的科研人员就可以在地球上模拟登陆，尽管场景是虚拟的，但是呈现在眼前的和实际现状却相差无几，这可以提供非常真实的实际操作体验。

当人们对"虚拟"有了明显的认知后，在很多情况下会不遗余力地证实它，但是多数想法是无法实现的，这就需要通过某种技术，模拟一个环境，一个近似于真实的环境。类似火星地貌、战争场景，这样的行为难以通过现实来完成，只能通过虚拟的行为衍生出来，这就是"虚拟现实"在多种行业的存在价值。

目前虚拟现实技术已经应用到天文学中，NASA Ames 研究中心虚拟行星探索实验室的 M.McGreevy 和 J.Humphries 博士组织开发了火星探测虚拟环境，通过将火星探测器发回来的数据输入计算机，构造火星表面的三维虚拟环境，供地面人员演习和实操。NASA 与科技巨头微软公司在人机交互领域展开合作，能配合微软全息眼镜 HoloLens 在增强现实领域，针对细节进行订制化操作（如图 6-3 所示）。

图 6-3　HoloLens 创设的增强现实环境

通过技术，虚拟出现实无法实现的场景，并在这个场景中进行模糊边界的实验，或者是环境模拟，或者是临床医药，或者是科研教育，或者是军事演练……总之，虚拟现实让多个行业产生了新的质变。

造就真实

虚幻的想法有时看起来不切合实际，但一旦实行却有着非常好的效果，然而科技和技术在短时间内难以满足现实的需求，或者是无法判断是否可以将虚拟的行为转化为现实。

经常观看科幻电影的科幻迷，常常会被炫酷的视觉效果所震撼，比如《复仇者联盟》中能在海上起飞的庞大空天航母（如图 6-4 所示），现实生活中并不存在的"黑科技"频繁出现在大屏幕上，尽管这是虚拟的，但是谁能保证在未来的几十年，或者几百年内，这不会成为现实呢？

图 6-4 "空天航母"从虚拟到现实的落地

事实上，美国军方经常会参照科幻电影中的高科技设备，来强化自身武装。有消息称，空天航母将在 2040 年列装美军，预计在 2050 年建成 3 个核动力空天母舰编队。

如果通过一种技术，在虚拟的环境中进行验证，当所有的评估都可以通过，并形成真正的落地，这才是虚拟现实的最终目的。

然而，虚拟现实的发展并非一帆风顺，其实它的概念很早就已经存在，碍于技术上的壁垒，虚拟现实始终无法逾越技术的鸿沟。随着视频捕捉、算法的不断延伸，虚拟现实已经开始平稳落地。在"互联网＋"的大背景之下，云计算提供海量的资源，大数据深度挖掘信息根源，物联网给予物体生命，移动互联可以让世界变得更窄，这都为虚拟现实的跨界融合提供了技术基础。

未来，虚拟现实将呈现出另一番发展场景。

第 2 节　多维度模型的构建

从电影到电视，到电脑，再到手机，呈现在消费者面前的屏幕越来越小，从大屏幕到小屏幕的过程，是人们寻找一个密闭的、自我空间的过程，享受短暂的休闲时光，彻底放松身心。

但是物极必反，"小屏幕"在使用一段时间后，消费者突然希望更大的屏幕出现在视觉范围内。虚拟现实在非常短的距离上投射出巨大的视觉影像，这给了消费者新的选择，然而虚拟现实融入到生产、生活中，并非一蹴而就，而是经历了多个可变维度，才进阶到现在的阶段。

为了更好地了解虚拟现实，不妨先看一下它所经历的进阶阶段。

全景图片

人的双眼正常有效视角大约水平90°、垂直70°，即使包括双眼余光视角（大约水平180°，垂直90°），也不可能360°地观看所有景色。

但是需求总是有的，有些时候人们需要360°完整地观看景色，这就是全景图片最早的需求。下面这幅图就是全景图片，通过全景图片可以将这个景色以平面的方式展示出来，观看者可以更全面、更直观地观看，获取的信息也就更多。

现在很多手机和照相机也都支持360°全景拍摄（如图6-5所示）或者图片缝合。

图6-5 360°全景拍摄

全景视频

全景图片是单一的静态360°图片展示，而全景视频则囊括了景深、动态图像、立体声音的特性，它的观看角度通常为720°或者360°，采用仿虚拟现实的方法来拍摄视频，给人一种身临其境的感觉。

相对于全景图片，尽管全景视频在质、量、形式和内容上有了巨大飞跃，但是内容不会随着时间和头部运动而发生改变，因此，沉浸性相对虚拟现实还差很远。

全景 3D 视频

全景 3D 视频观看角度大多数仍保持在 720° 或者 360° ，这和全景视频基本一致，但增加了 3D 效果，同时增加了多重感官系统，同时可以随着时间和头部运动的变化不断变更场景，场景的真实性大幅提升，但是仍然会感觉到虚拟世界和现实世界的区别。

完全沉浸

当我们把眼前看到的场景 100% 认为是事实时，当场景已经引发我们血压升高、脑细胞快速燃烧时，事实上，我们就已经难以分辨虚拟和现实的边界，而完全沉浸在虚拟的世界里。

场景再现 II：

很多虚拟现实设备模仿了《云中行走》这部电影的桥段（如图 6-6 所示），

通过头戴式虚拟现实设备进行体验时，能把人们的视野限制在屏幕显示的 3D 图像上，并可以识别头部变化而变更场景，这确实可以让访客惊诧不已，但是并不会感到害怕。

但是将风声传递到体验者的耳朵中，体验者的大脑放电立刻发生变化，如果风声配合真实的风，将会引发恐高症患者最糟糕的恐惧。

即使冒险者知道这是虚拟的，而非现实，他们也依然会感到害怕，完全沉浸的效果不可谓不大。

图 6-6　电影《云中行走》剧照

交互 & 触觉

在虚拟现实中走钢丝属于沉浸的感觉，是被动地观察和探索这个世界，其间没有过多的交互。但有些时候需要场景与体验者、操作者有良好的互动，产生化学反应，比如军事虚拟场景、火星探测场景、教育科研场景等。

因此，虚拟现实进行 3D 建模时，在考虑完全沉浸的同时，还需要让使用者可以随意操控你的角色，和场景中的一切进行交互，甚至可以通过虚拟手套增加触感反馈，真实感觉到虚拟世界的存在，忽略现实世界和虚拟世界的边界。

当无法分辨虚拟和现实时，这就是虚拟现实的终极阶段。

但是这有意义吗？

是的，全景照片的诞生就是让操作者更全面地了解这个世界、这个环境；全景视频和全景 3D 视频让这个世界更加真实地出现在我们面前；当完全沉浸在这个世界中，并且可以进行交互时，虚拟现实提供的不再仅仅是视觉盛宴，更为在虚拟的世界中，模拟现实的场景奠定了基础。

如今，虚拟现实的跨界融合开始在行业中不断成熟，全新的商业机会正在诞生。

第 3 节　互联网 + 虚拟现实的跨界融合

2016 年被视为虚拟现实的爆发元年，CES 2016 更是涌现了一大波 VR 设备，这其中不乏 Oculus VR、三星 Gear VR、HTC Vive 等顶级厂商的产品。这些产品价格尚处于高位，但是对比一下各手机厂商的旗舰手机，VR 的价格也算是比较亲民了。

虚拟现实设备走下神坛，步入到千家万户。当然，虚拟现实不会仅仅局限于生活领域，在医疗、教育、军事等领域跨界融合，更是显示了虚拟现实的独特作用，甚至引发了行业间的全面融合。

当技术给虚拟世界注入了新的动力，世界的体验将会变得更加多样。

虚拟现实眼镜，最初的体验效果

电影迷对于虚拟现实眼镜（如图 6-7 所示）应该不算陌生。

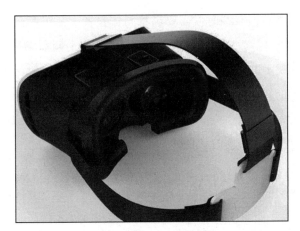

图 6-7　虚拟现实眼镜

如果想仅仅尝试一下 VR，数百元的虚拟现实眼镜完全可以办到，它在观影效果方面，要超过电视和普通院线的体验。尽管很多厂家都在宣称虚拟现实眼镜的强大威力，但是到目前为止，此类产品仍然属于早期的原型机。

虚拟现实眼镜仅仅是视觉的盛宴，尽管真实，但少了交互的功能，很难让参与者完全沉浸到内容服务中。虚拟现实眼镜只能作为初期落地的产品，通过低廉的价格和丰富的内容，让一些消费者步入虚拟现实的世界，消费者可透过虚拟现实的其他附属产品，真正享受虚拟现实所带来的冲击。

医疗领域的梦幻现实

对心理疾病进行疏导，医生通常会口述一个场景，或者用催眠的手段来为患者创生一个虚拟的场景。在梦境中，患者会认为所有的感知都是真实的，但实际上却是头脑中幻想出来的。

何为真实？何为虚拟？就像前文说的那样，这仅仅是在脑部形成的一个印象，给大脑的反射神经元强行发出指令，"我是真实的，请相信我！"

那么，既然科技可以营造虚拟的场景，又何苦费尽心思来进行催眠呢？

于是，虚拟现实技术越来越多地应用到心理治疗当中。在韩国首尔，很多医疗机构会建立一个自然、放松、光线微暗的房间，在这个房间内为患者配备一副装有"跟踪传感器"的虚拟现实眼镜，医生通过和患者交谈，获取患者的心理信息，并通过变换虚拟现实眼镜中的场景，模拟朋友间聚会、郊外旅行或与上司交谈等情景，进一步判断患者的心理疾病根源，并进行针对性的治疗。

通过虚拟现实技术进行辅助治疗，已经在克服人格分裂和酒精依赖症等多种心理疾病中，获得显著效果，在临床医疗方面，借助虚拟人体模型、跟踪球、HMD、感觉手套，可以虚拟出一个几近真实的手术环境，实习人员或者进行高风险手术的医疗人员，可以了解人体各器官各种结构，对虚拟的人体模型进行临床手术，增加手术的经验，降低失败率。

下一代社交和通信平台

最早的社交和通信平台要追溯到春秋战国时期的书信了，在不发达的通信环境下，书信的交流持续了非常长的时间。随着电报的出现，以往数天或者数十天才能收到的信件被压缩到了几小时，甚至是即时收取。

电话的出现完全颠覆了以往纸面文字的信息交流形式，再接下来，手机的普及让语音的传输更加便捷。伴随手机一起蓬勃发展的是"短信"，而后的发展想必大家都非常清楚了，移动互联网的强势介入，微信等通信 App 的快速成长，几乎是瞬间就击穿了"短信"的市场体系，很多朋友在春节时收到的不再是拜年短信，而是拜年微信了。

可以传输文字、图片、语音，甚至是视频，这样的社交和通信已经做得非常到位了，但用的时间久了，是不是会觉得缺少点什么？

是的，缺少的是一种感觉。

父母在异国他乡发布一条旅游美景的图片或者视频，我们感受到的也仅仅是表面的景色，很难有身临其境的沉浸式的感觉；一场优雅的音乐会，手机录制的音效传到我们的耳朵里，更多的是杂音；一桌丰富的大餐，如果想让朋友们止不住地流口水，单单几幅靓图是诱惑不了的，真正的诱惑是味道；而对于感触神经来说，声、光、电等影音效果确实难以办到。

未来的社交和通信平台不仅仅是文字、语音、图像、视频这些传统的交互模式，还需要为人们增加视觉、听觉、味觉、触觉等一系列虚拟又现实的感觉。你来猜一猜下面这幅图，哪个是真人，哪个是全息投影的（如图 6-8 所示）。

图 6-8　holoportation 全息互动系统

　　也许上述过程尚需时日，但是并非难以实现，日本奈良尖端技术研究生院开发出一种"嗅觉模拟器"，只要把虚拟空间里的水果放在鼻尖上闻一闻，装置就会在鼻尖处放出水果的香味，最难实现的嗅觉虚拟已经在技术层面找到突破点，听觉、触觉的难题也将会被逐一攻破。

　　就像电报取代书信，微信取代短信一样，技术引领的迭代过程将会越来越短。

融入构想的现代教育领域

　　语文、英语等学科是可以通过板书、多媒体来授课的，在很多环节不会影响学生接收和消化知识，但是有些学科非常抽象，单凭电子白板和课件很难在短时间内将知识融会贯通给每一个学生，还有一些学科，需要大量的实验进行推演和佐证，但是实验的费用非常高，甚至无法进行实验，比如天体物理学。

　　渗透，是教育过程中不可缺少的环节，但是单纯的理论渗透只会让知识变得生硬，让接受知识的人群在痛苦中消化知识，这只会增加学习的厌恶感，我们需要一种技术创造新的教育模式，通过模拟仿真技术，将实际难以驾驭的教育、科研实验与生产实验进行虚拟串联，充分发挥其互动性和生动性的表现效果。

如今，虚拟现实领域已经注入教育行业（如图 6-9 所示），虚拟现实仿真实验室利用计算机图形图像技术模拟三维空间的虚拟世界，让学生在视觉感官上对知识有更加真实的认识，360° 全方位立体音响，配合跟踪球、感觉手套，让使用者如同身临其境一般，没有限制地观察、触摸三维空间内的事物。

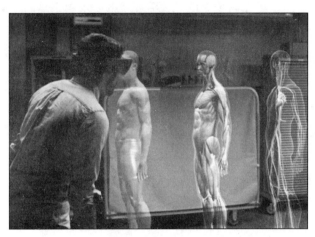

图 6-9　虚拟现实在解剖教学领域的运用

学习者不再被动地接收信息，而是在虚拟仿真技术的帮助下，让学习和计算机融合为一个整体。先进的虚拟现实系统和高度集成的硬件，不仅可以虚拟场景，还可以根据学习者的动作来变换和更新场景。这是虚拟现实沉浸性和交互性的体现。还有一项更为重要的特征是传统教学行为中难以实现的，那就是构想性！当学生有了极其创新的"构想"时，没有办法在短时间内实现，或者"构想"过于创新，任何人都无法判断是否存在可操作性，这就需要一种技术，在虚拟的场景中判断构想是否正确，是否可行。在未来，3D 打印和虚拟现实的强强联合，甚至可以将"构想"进行实体的打印，那将会创设一个更加辉煌的时代。

虚拟现实降低了实验成本，提高了实验效率，关键可以提供无风险的实验环境，另一个重要体验是这些环境几乎和真实世界没有任何差别，因此虚拟现实在立体几何、物理化学、天文学等领域应用广泛，目前虚拟现实仿真实验室已经广泛进入各大院校、科研院所等机构。

置身场景的城市规划建设

城市建设通过数据表格、平面图、表现图、沙盘模型进行城市规划推演，这应该是十年前的事了。如今人们对生活环境的要求越来越高，对城市的规划也更为苛刻。

做过城市规划（Urban Planning）的设计师知道，城市规划大体分为三个层面，即城镇分布与城市形象的宏观层面；建筑物与空间的中观层面；使用者环境的微观层面。

沙盘模型可以展示微观层面的设计和布局，试图展示中观层次，也只是粗犷性的大体描述；至于宏观层面，城市整体框架、道路交通、沟渠湖泊、供电系统、排水系统等，是无法通过沙盘演化的，表现图、平面图更是难以办到。

人们希望看到的是可视化的城市建设，就像本章开头介绍的托尼·斯塔克查看整个城市构造一样，不仅可以看到城市的整体分布，还可以看到每个建筑物的功能和内部分解，如果深入挖掘，建筑物的排水系统、温控系统、消防系统都可以自由查看。通过虚拟现实，配合大规模存储、遥控 / 遥感、地理信息系统技术、全球定位系统技术等技术，可以多尺度、多时空和多种类地展示城市。

当然，虚拟现实并不仅仅局限于此，它还可以模拟飙风、火灾、水灾、地震等自然灾害，介绍城市在面对突发情况所能采取的应对措施，这对于更加深刻地了解城市，更加针对性地加强城市功能，以及减少紧急事件带来的负面影响起到了不可忽视的作用。

"真实战场"的军事演习

演习，是大多数国家例行军演的一部分，这是提高实战水平的关键环节，但是军演的资金投入过于庞大，同时还会对环境产生严重的影响，于是很多国家的军事科研领域，会针对不同的训练项目制作虚拟战场系统，以减少资本投入、降低人员伤亡、保护现实环境。

20 世纪 80 年代，美国的 DARPA（美国国防先进研究项目局），为坦克编队作战训练开发了一个实用的虚拟战场系统 SIMNET，该系统大大减少了资金的投入，同时坦克履带和导弹对训练场的影响也不复存在。更重要的是，提高了对士兵的安全性保障，通过网络 SIMNET 更是将美国和德国的 200 多辆坦克与模拟器连为一体，并在虚拟场景中模拟协同作战，完全达到了军事演习的既定要求。

美国海军开发的"虚拟舰艇作战指挥中心"，在视觉、听觉和触觉等方面和真实舰艇几乎完全一样，再通过网络，将相距数千公里的士兵与作战指挥人员连接到一起，受训军官和士兵沉浸于"真实的"战场之中，完全可以达到实战的效果，如图 6-10 所示。

图 6-10　BAE 军事虚拟系统

我国虚拟现实技术在军事领域的应用同样表现突出，模拟虚拟战场场景、进行单兵模拟训练、实施诸军兵种联合演习，同时还对指挥员进行针对性训练。虚拟现实技术在军事领域所产生的效果异常明显，大大提升了新兵作战水平，以及多兵种、跨国的联合作战能力。

还原犯罪现场，营造下一代测谎仪

《木偶奇遇记》中的匹诺曹，说一次慌，鼻子就要长一寸，这是面部的表情，很容易观察到，但这终归是童话故事。现实中人在说谎时，面部表情或者肢体动作有时没有不自然的变化，尤其是受过特殊训练的犯罪分子或者惯犯。

但是生理指标不容易被欺骗，比如，呼吸速率和血容量异常，出现呼吸抑制和屏息；脉搏加快，血压升高；皮下汗腺分泌增加，导致皮肤出汗，双眼之间或上嘴唇首先出汗，手指和手掌出汗尤其明显；眼睛瞳孔放大；胃收缩，消化液分泌异常，导致嘴、舌、唇干燥；肌肉紧张、颤抖，导致说话结巴。

生理参量受到神经系统支配，一般不受人的意识控制，于是以脉搏、呼吸和皮肤电阻为主要的监测工具——测谎仪被引入公安和司法界。

传统的测谎设备依靠公安人员的询问，当问题触碰到犯罪嫌疑人的内心时，测谎设备的指针就会有明显的变化。然而，单凭"语言"的问答，有时并不会引起犯罪分子的心理共鸣，需要更加深入地探索到犯罪分子的内心，这就需要新的技术作为支撑。

虚拟现实通过视频信号将犯罪现场进行还原和重建，当犯罪嫌疑人戴上虚拟现实头盔时，会被极度还原的画面所触动，极大地刺激犯罪分子的视觉神经，大脑的反射神经元会迅速传递到身体的各个环节，本能地会进行抗拒，会让血压升高、呼吸急促，诸多生理现象都会反馈到测谎指标中。

虚拟现实在心理的方面会产生前所未有的震撼效果，犯罪分子在观看案发现场场景时，很难保持镇静，这会大大提高案件的侦破率。

工业领域，未实验，先"生产"

传统行业的领袖能力在不断减弱，尤其是很多制造业已经发生危机，亟待解决。物联网、3D打印、工业4.0让制造业重新看到未来的发展前景，但殊不知，虚拟现实在工业领域也发挥着不可忽视的力量。

任何企业都担心自己生产的产品难以赢得市场，所以在产品试产之前需要在市场上经过大量的调研，从而改善产品，获得大量客户满意后才能正式生产。

但是不可否认，产品一次次地修正、制造，势必会耽误太多的时间，甚至会影响产品在市场中的推广。

虚拟现实的出现，改变了产品的生产/试行模式，在产品的设计之初即开始虚拟的过程，所有的展示都是通过虚拟现实或者增强现实，展示在用户面前。这是一个未经试验，就先行生产的产品模式，设计者可以根据用户提出的意见更改产品，这期间并不会再造产品，避免新产品开发的风险。

当产品经过多次变革，满足市场要求时，为了最大力度地吸引客户订单，仍然可以通过虚拟现实全方位展示那些传统行为不能达到的效果，比如楼房的虚拟建造。另外，在新生产设备投入使用前，提高工人的操作水平，同样可以通过虚拟现实来实现，这样既节省了时间和费用，又提高了效率，毕竟虚拟现实可以提供的产品数量要远远高于实际产品的数量。

沉浸式旅游，只有你想不到的

"世界这么大，我想去看看"这句颇有情感的话让很多人都想来一次"说走就走的旅行"，但是对于大多数人来说，这并不太现实。

表面上，"黄金周"的概念激发了旅游行业，貌似国内游的团体价格在不断拉低，但是实际旅游成本不降反升，机票、住宿、饮食不断刷新着旅游成本，国外游的价格，尤其是欧美国家的旅游，对于很多人来说，依旧是可望而不可即。

更何况，真的到了旅游景点，你看到的或许是无边无际的人，或许是这样的一番情景（如图 6-11 所示）。

图 6-11　这是你心目中的"美景"吗？

花着高额的费用，更多的人希望看到的是风景，而不是人山人海，更不希望是满眼的垃圾，当然也有很多人难以承受高额的旅游开销，而在虚拟现实的世界里，另类的旅游会让人眼前一亮。

场景再现Ⅲ：

通过丰富的 VR 内容，用户可以足不出户地浏览世界各地的美景，不用担心拥堵，不用担心美景被破坏。当然虚拟现实并不只是提供视觉的震撼，地板上嵌入了空气泵，天花板上装有加热鼓风机，可以让室内温度保持随着虚拟场景的变化而变化。

当虚拟场景中呈现出一幅海滩的景象时，空气泵会模拟海风微拂，全方位的立体音响会播放海鸥的叫声和海水拍打沙滩的声音；墙壁上安置了喷雾装置，甚至可以模仿海雾，整个场景极度地还原了沙滩度假的场景（如图 6-12 所示）。

图 6-12　Teleporter 虚拟现实

这是虚拟现实提供的沉浸式旅游，如果是真实的旅游，虚拟现实也能提供技术支持吗？回答是肯定的。

当我们入住一个陌生的城市，不会对整个城市有太多的了解，虚拟现实则可以全方位、立体地展示整个城市的细节，描绘景点的景色，还有即将入住的酒店周边的环境。传统旅游时，会在出行前对目的地未知因素感到担心和不安，而虚拟现实在消费者出行之前就让其对旅游地有一个全面的视觉展示，这会提升很多安全感，愉快的假期自然会变得更加轻松。

我们相信，虚拟现实技术的那道门槛已经迈过，行业内的落地悄然进行，先知先觉者已经在虚拟现实领域淘到第一桶金。新产品不断地进入市场，不断有行业采用虚拟现实技术来辅助，甚至替代传统的业务流程。

虚拟现实的跨界融合已经开启，与之相息息相关的增强现实和混合现实，也在很多领域创造着新的价值。

第 4 节　以虚拟为基础来"增强"现实

说起 VR（虚拟现实），就不得不说说 AR（Augmented Reality，增强现实）、MR（Mix Reality，混合现实）和 CR（Cinematic Reality，影像现实），名字相似，但却是不一样的理念，同样也实现着不一样的价值。

AR（Augmented Reality，增强现实）

可以这样说，虚拟现实就像一本小说把你带到另一个世界，虚拟与现实是分开的。增强现实则恰恰相反，你既能看到真实的世界，同时也能看到叠加在真实世界的虚拟对象。增强现实是真实环境和虚拟环境结合在一起的系统，是在现实世界中嵌入了虚拟的东西。

增强现实应用的行业较为广泛，比如选购心仪的产品，通过增强现实可以更加直观、更加方便地进行虚拟选择（如图 6-13 所示）。

图 6-13　Windows HoloLens 增强现实

Windows HoloLens 和汽车巨头沃尔沃合作，通过 HoloLens，消费者可以直接选购爱车的颜色、内饰的颜色。对于汽车的功能，用户也可以根据需要进行变更或者增加，订制最适合自己的，且是独一无二的汽车。

当然，出产这样一辆订制汽车少不了工业 4.0 的支撑，但是在工业 4.0 介入之前，消费者前期自主设计汽车，则是通过增强现实来实现的。

MR（Mix Reality，混合现实）

混合现实包括增强现实和增强虚拟，是合并现实世界和虚拟世界而产生的新的可视化场景。这个可视化场景中，现实世界的"实际物体"和虚拟世界的"数字对象"完全并存，并相互作用，让人很难区分哪里是真实的，哪里是虚幻的。

设计摩托车（如图 6-14 所示），对挡风玻璃的高度、油箱的大小，可以通过手势动作进行增大或者缩小，在进行风阻等技术指标评估时，一旦达到标准即可进行批量生产，减少了试产和频繁更改等一系列流程。如果增强现实应用到军事、天文学中，近乎现实的场景可以在很多环节替代传统的演习和科研。

图 6-14　混合现实的即时创作

CR（Cinematic Reality，影像现实）

和 MR 类似，CR 造就的虚拟场景和电影特效一样逼真，完全沉浸的效果会伴随整个体验过程，还记得篮球场上那条"鲸鱼"吗（如图 6-15 所示）？

图 6-15　Magic Leap 影像现实

一群学生围坐在球场周围，很多人都会认为他们在等待一场比赛吧。

然而接下来的几秒内，却给了大家无比震撼的效果，哪怕是身处屏幕外的我们，也被这样的效果所惊杲。

篮球场上一阵波澜，紧接着一条巨大的鲸鱼从篮球场的中央飞跃而出，并且伴随着不规则的水花四溅（如图 6-15 所示），一些学生下意识地扭头，以避免浪花打湿自己。然而，几秒后，大家发现，自己仍然坐在篮球场上，篮球场内除了地板什么都没有……

这是 Magic Leap 影像现实所带来的震撼效果。Magic Leap 采用多角度投影技术，将画面直接投射于用户视网膜，从而达到"欺骗"大脑的目的。由于直接与视网膜交互，这样的效果更加真实，物理世界与虚拟世界的边界也更加模糊。这项技术如果运用到其他行业中，比如教育界，那些生涩难懂的知识，甚至会在短时间内传递给每一个学生。

虚拟现实（VR）以导向型科技引领发展，增强现实（AR）、混合现实（MR）、影像现实（CR）创造了更加逼真的虚幻世界，在这个世界中人们可以做到以往难以想象的工作和事务，这些"R 技术"完全可以颠覆一个行业，一个领域。

第 5 节　互联网＋，虚拟现实的 N 个最佳工作模式

虚拟现实眼镜可以让人很容易沉浸。人们在虚拟世界中，会很自然地转动头部和身体，以观察虚拟世界的变化。

但如果虚拟现实仅仅停留在"眼镜"的层面，那么它的发展空间是非常有限的，也许只是一个过渡产品，未来裸眼现实所畅行的影像现实（CR）会逐渐成熟，它所需要的技术将更为繁多，更为复杂。"互联网＋"的出现，为虚拟现实的再发展提供了坚实的基础，云计算、物联网、移动互联等技术，将会成为虚拟现实深入发展的忠实伙伴。

全领域产业链

虚拟现实眼镜是最为落地的产品，但作用只是支点，不仅要完成整个虚拟现实框架体系，还要完成内容服务、设计领域、追踪轨迹和行业标准。

1. 内容服务

内容服务就是我们在虚拟现实眼镜里看到的图片、视频、游戏等虚拟场景，这是虚拟现实和用户接触最为密切的环节。如果没有内容服务，配置再高的虚拟现实设备也只是徒劳。所以，作为和用户交互的第一入口，需要不断地丰富和充实内容服务。

2. 设计领域

虚拟现实可以实现多个行业的跨界融合，但是每个行业所需要的虚拟现实设备、内容、沉浸需求、交互性并非完全一样，需要根据不同的行业来设计针对性的虚拟现实产品，尤其是交互性需求——视觉、嗅觉、听觉、触觉的设计要分别对待。

3. 追踪轨迹

随着头部的转动来变换场景，入门级的虚拟现实设备就可以办到，但若只有这样，沉浸性体验感是比较低的，需要增加更多的交互才能形成新的化学反应。

追踪身体的变化，比如行走的步伐，尤其是手势的变化，这才是虚拟现实真正发展的保障。试想一下，在城市规划的虚拟现实中，通过手势变化，扩大/缩小场景，查看每一个建筑的细节；通过前后左右的行走，漫步在虚拟城市的街道中，并不断地更新场景，当所有的行动轨迹可以进行追踪时，更加沉浸、更具交互的虚拟现实将具备更广阔的发展空间。

4. 行业标准

OSI（Open System Interconnection，如图 6-16 所示），即开放系统互连模型未出现之前，网络协议之争堪称混乱，不同厂商只推出了基于自己产品的网络体系架构，这些架构多属于专有协议，与其他产品无法兼容和通信。

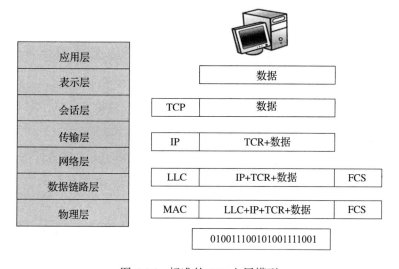

图 6-16　标准的 OSI 七层模型

OSI 七层模型打破了群雄纷争的局面，各大计算机网络厂商开始向标准模型靠拢，通信协议得到了统一。

虚拟现实也是如此，全产业链的发展需要建立统一的标准，统一的架构，所有的产品在一个框架之内握手和通信，这样才能实现任何设备都可以无障碍地连接与通信。

云计算

虚拟现实在技术层面越来越成熟，但是很多消费者并不会关心技术的发展曲线，而是会看虚拟现实可以做什么，也就是常说的虚拟现实可以提供哪些服务、哪些内容。

"内容为王"体现了虚拟现实的价值基础，所以虚拟现实内容供应商不断设计、发布视频资源供消费者下载和观看。

我们知道虚拟现实让眼球和屏幕间的距离无限缩小，人们在很近的距离内观看手机或者其他显示介质时，如果分辨率过低，那么会带来很糟糕的体验。480p、720p，甚至于 1080p 的分辨率对于虚拟现实来说都是很差劲的体验，2k 或者更高的分辨率会带来较好的效果。

一旦要求高分辨率，同比增加的就是内容的容量，动辄数 GB，甚至数十 GB 的视频在虚拟现实领域并不算是新鲜事，随着内容的不断丰富，存储的压力会呈现指数级增长，如何有效存储是虚拟现实不能回避的问题。

另外，整个互联网就是一个巨大的虚拟世界，全球有 3 亿多个网站和无数的网络程序，这个世界的 70 多亿人口中，有 1/4 以上的人忙于虚拟的交往，尤其是在社交网络上。很多社交媒体使用的是本地数据中心，随着需求的增加，已经难以处理大规模的视频交互，需要借助于第三方计算和存储手段来应对虚拟现实的大数据增长。

云计算为虚拟现实提供了海量空间的技术指引，在云中，几乎可以无限制地、弹性地存储视频资源，PB、EB 级别的数据对于云计算来说很难形成压力。目前，很多虚拟现实的内容服务商已经将内容迁移到云端，这为服务商减轻了数据中心的管理、容灾难度和成本，可以让服务商将更多的精力放在内容制作方面，从而形成双赢的格局。

超高速移动互联网络

当云存储可以提供灵活的、可扩展的、几乎无限的网络空间后，如何快速将服务器端内容过渡到本地就成为亟待解决的问题了。

通过 PC 或者笔记本进行下载，然后再传递到手机或者其他显示设备上，这似乎是上一代的数据传输模式。如今的社会更加需要即时的、无延迟的数据传输，也就是移动端可以快速接收，并且可以无差别地传递到虚拟现实环境。

超高速的服务端网络环境和超高速的移动互联网络环境，是数据无延迟的最基本的保障。

1. 100Gbit/s 以太网技术

服务端，网络的瓶颈就是带宽，虚拟现实视频、高性能计算、业务系统请求与存储都需要高带宽的以太网接口。越来越多的用户接入数据中心也要求更高的传输速度保证其应用的不延迟，因此数据中心的网络汇聚层和核心层设备对 100Gbit/s 以太网的需求越来越强烈。

2010 年 6 月 17 日 IEEE（美国电气和电子工程师协会）正式批准了 802.3ba 标准，这标志着 40Gbit/s、100Gbit/s 以太网开始商业道路。它大幅提高了路由器 / 交换机的处理能力，对流量管理、端口密度、整机容量以及节能设计做了全新的规划，针对高速 SerDes、高速大容量缓存通过专用报文处理芯片完成，使用 EDFA、增益更高的 FEC 算法，大流量的数据转发得以缓解。尽管 802.3ba 标准发布的时间尚短，但却迅速成为云数据中心的新宠。

另外，入端口缓存采用虚拟输出队列（VOQ）技术，入端口配置大容量缓存，出口端应用较小缓存，使用流量管理器进行内部流量管理，入口端数据向出端口的突发，出端口再为其他端口分配 Credit 数量。这样所有入端口的数据都缓存在本地的大容量 Buffer 中，数据向出口端的突发由 Credit 来控制，当超过出口端阈值时，则不会分配 Credit，这种自动调节不同方向的浪涌缓存技术可以解决传统数据中心网络瞬时流量的拥塞压力。

2. 5G 网络

移动端作为入口，是虚拟现实的一个方向，但是动辄数十 GB 的资源会让移动网络望尘莫及，这主要表现在速度和价格两方面。

4G 网络确实在速度方面有所提升，但是对于虚拟现实来说，尚不足够，它需要更快的 5G 网络作为支撑。5G 作为第五代移动通信网络，其理论传输速度可达 10Gbit/s，这比 4G 网络的传输速度快数百倍，整部超高画质影像可在 1 秒之内下载完成。

而对于价格，尽管国家层面在不断提出"提速降费"，但是效果仍不明显，在价格尚未明了之前，Wi-Fi 的数据传输依旧是主流，但未来的网络依旧属于 5G 网络。

物联网催生无缝连接

完整的虚拟现实系统并非只有一副眼镜，它需要十余种附加设备来采集肢体信息，并规划行动路线。这些设备并非简单地堆放在一起，而是需要使用者逐一安装和调试，为了达到最合适的效果，对于设备间的距离和摆放的朝向都有着严格的要求。

这些设备还有这样一个特点，那就是需要"数据线"来实现数据交互，这样的操作会显得非常复杂，同时也阻断了其他物品接入虚拟现实的可能。

对于增强现实来说，并不需要完全地映射出整个虚拟场景，而是在现有场景的基础上，叠加上一个虚拟的环境，这完全可以利用现实场景中的物品来增强现实，但物品没有任何"数据线"进行连接，物物的信息交互也只是徒劳。

蓝牙、ZigBee、Wi-Fi 技术让物联网的短距离传输不再存在障碍，传感器的发展可以让每一个物体感受环境、听懂指令、发出声音。

未来的虚拟现实将和物联网紧密地结合到一起，身边的所有物体都可以将信息反馈到虚拟系统中，通过计算投射到用户眼前，通过手势变化，调整各个物品的参数，比如打开电磁炉，翻查虚拟菜谱，机器人开始洗菜、切墩，物联网桌子给出最合适的配比和最佳营养方案，完全确定后，机器人开始接下来的所有工作。

而这一切都是在虚拟的环境下进行。

虚拟现实激发 3D 打印

"虚拟现实"和"3D 打印"是看似并不沾边的两种技术，但是未来的极客、创客并不这样认知，这两种技术的跨界融合，将迸发难以想象的冲击。

3D 打印尚未全面进入家庭的关键因素有两个，一是价格上的制约；二是绘制 3D 图形的技术壁垒。也就是说，即便可以购置 3D 打印机，但是复杂的模型设计，大量的参数调整，将很多人挡在了 3D 打印的大门之外。

如果虚拟现实技术可以联姻 3D 打印，那就是另一幅场景（如图 6-17 所示）。

图 6-17　虚拟现实的跨界融合

混合现实将整个产品投放到平台上，系统会提供已经定制的模型，将模型直接附加在产品之上，如果模型难以和产品完整匹配，那么可以通过虚拟手套对模型进行调整，还可以通过手持笔对产品进行重新绘制或者建模，跟踪球会全程参与这个过程，保障每一个环节都可以及时汇聚和呈现产品变化。

这项技术会节省产品设计师、建筑师和布景师大量珍贵的时间，配合 3D 打印机可以直接将产品打印出来，从空气到实物，的确是太神奇了。

写在最后

场景再现Ⅳ：

当笔者揣测如何更加通俗地描述虚拟现实时，2016 年高考如期到来，浙江高考语文选题居然采用了"虚拟现实"的主题，我们来回顾一下。

网上购物、视频聊天、线上娱乐，已成为当下很多人生活不可或缺的一部分。

业内人士指出，不远的将来，我们只需在家里安装 VR（虚拟现实）设备，便可以足不出户地穿梭于各个虚拟场景；时而在商店的衣帽间里试穿新衣，时而在诊室里与医生面对面交流，时而在足球场上观看比赛，时而化身为新闻事件的"现场目击者"……

当虚拟世界中的"虚拟"越来越成为现实世界中的"现实"时，是选择拥抱这个新世界，还是刻意远离，或者与它保持适当距离？

对材料提出的问题，你有怎样的思考？写一篇论述类文章。

可以看出，虚拟现实在生活中已经开始落地，刚刚参加高考的花样年华的学子，都在接触这样的知识，这说明虚拟现实已经像手机、电脑一样普遍。

在政策方面，2016 年 3 月，"十三五"规划纲要指出，提升新兴产业支撑作用，虚拟现实与互动影视、新一代信息技术、增材制造（3D 打印）、物联网、智能系统、机器人、智能交通、精准医疗等新兴前沿领域的创新和产业化，形成了一批新增长点。国家层面也在有意识地培养虚拟现实行业和人才。

科技可以眷顾任何一个人，但是不会等待所有人接受它才开始飞速发展，所以，是时候参与到虚拟现实落地的最佳阶段，体会"互联网＋"对虚拟现实的实际影响，加速推进传统行业的快速转型，共同创造多赢局面。

| 第7章 |

3D 打印行业快速布局新模式

"可上九天揽月，可下五洋捉鳖。"这是毛主席于 1965 年重上井冈山时创作的一首词《水调歌头·重上井冈山》中的一句。

老人家能容天地之胸襟，能渺沧海之粟的豪迈气势，每次读起都充满敬意，但是"九天揽月，五洋捉鳖"更多的是发生在思想领域，在现实中却几乎不可能实现，然而在"虚拟现实"中却实现了。探索宇宙不再是梦想，遨游海洋也犹如探囊取物。

虚拟现实于时代、于行业的优势毋庸置疑，这是思想层面、精神层面的高度体现，接下来的内容是一个看得见、摸得着，一个快速成型的、所见即所得，甚至可以即时应用的技术。

即便没有 IT 常识，对于它的名字也并不会感到陌生——3D 打印。

第 1 节　你知道的和你不知道的 3D 打印

介绍 3D 打印之前，我们先来聊聊传统的打印机。

在生产生活中，对于激光和喷墨打印机，相信大家已经非常熟悉了。以喷墨打印机为例，它的工作原理是这样的：在墨水喷出区中将小于 0.5% 的墨水加热，被加热的墨水从喷嘴喷出，再利用喷墨头把细小的墨滴导引至指定的位置上，墨滴越小，打印的图片就越清晰。

3D 打印机和传统打印机的运作模式类似，把"墨水"（3D 打印机的原材料，如塑料）放到打印机中，在喷头内熔化该材料，然后通过沉积塑料纤维的方式形成薄层，薄层堆积到一起便形成了一个完整的 3D 物品。这种技术称为熔积成型，是 3D 打印机使用较多的技术，可以看出。它和普通喷墨打印机的工作原理非常相似。还有一种 3D 打印机技术，激光烧结，以粉末微粒作为打印介质，打印机将粉末微粒喷洒在铸模托盘上，形成一层极薄的粉末层，并按照图纸进行熔铸，接下来对喷出的液态黏合剂进行固化。如果对激光打印技术非常了解，那么很容易知晓，这两者的运作方式实际上也有异曲同工之妙。

这些知识说起来有点绕口，但是仔细对比传统打印机的工作模式，还是比较容易理解的，这也是大多数人了解的 3D 打印，还有一些领域是很多人不曾了解的。

图 7-1　极光 3D 打印机

这样的 3D 打印，你曾经知晓吗？

3D 打印材料，或许是你不知道的

对于 3D 打印机，我们最常见到的材料是工程塑料、光敏树脂、橡胶类材料，各种材料有其自身的优势，可以根据需要适用于不同的领域。

但是有些行业有着特殊的需求，比如强度高、耐蚀性好、耐热性高，传统的工程塑料显然不符合要求，于是，金属材料开始进驻市场（如图 7-2所示）。

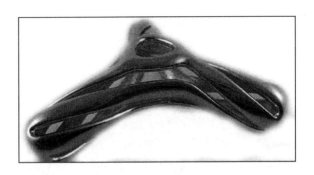

图 7-2　i. materialise 3D 服务网站上的黄金材质打印饰件

先进的工业级 3D 打印机，不仅可以打印钢、钛及钛合金这些金属，甚至可以打印钨这样传统制造工艺很难加工的硬质合金，此类合金打印的产品可以运用于飞机、航空器、风洞试验等多个领域，这些工业级 3D 打印机的制作精度最小尺寸可达 1 毫米，其零部件机械性明显优于锻造工艺。

在文物修复领域面临着这样的困惑，修复破损的文物，传统的做法是在原文物上覆盖泥膜，人工在泥膜上进行雕刻、彩绘，这会耗费大量的时间，这种方法带来的另一个担忧就是损坏。即便是大师级的修复专家，也难免会对文物产生一些影响，轻则接口处会留下新的修补痕迹，重则破坏这个文物的外在造型。而使用 3D 打印成像，只需要将文物进行三维扫描，然后在计算机里做出三维图像，再通过 3D 打印机打印出来，进行拼接即可。图纸来源于实物的 3D 扫描，接口的精度会有明显提升，同时 3D 打印所耗费的时间非常少。3D 打印机可以将陶瓷作为打印材料，这在以往的打印概念里是不存在的（如图 7-3 所示）。

而对于"吃货"来说，食品级的打印材料更是有别于传统的塑料和橡胶，通过 3D 打印机直接"制作"出个性化的可食用产品，完全可以满足食客的色、香、味全面体验，是 3D 食品打印机进入家庭的一个重要入口。

当然，还有一些可合成的智能材料、高分子材料、纳米材料、人造骨粉、细胞生物原料、生物墨水都可以成为 3D 打印的材料。

另外还有一种特殊的材料——石墨烯，用途广泛且性能超凡，主要应用于电路的设计，但是传统的工艺设计，使得石墨烯的实际应用较为复杂，3D 打印的研究人员目前正在研究将石墨烯作为 3D 打印材料，通过打印机直接打印出标准的 COMS 晶体管，这将更为方便地落地到现实应用领域。

图 7-3　3D 打印出来的创意陶瓷水杯

对于立志"打印一切"的 3D 打印技术来说，未来可以使用的打印材料将更为丰富。

3D 打印维度，或许是你不知道的

当我们还在享受 3D 打印技术带来的变革红利时，4D 打印技术的出现，让我们对快速建模产生了新的认识。

场景再现 I：

2013 年 TED 大会上，麻省理工学院建筑系讲师斯凯拉蒂比茨展示了这一技术：通过 4D 打印机打印了两根非常普通的线，初看并无特别之处。但是放到水里，神奇的事情发生了，一根线慢慢地卷曲、变形，自动形成了"MIT"（麻省理工）的字样（如图 7-4 所示）；另一根则自动折叠，变成了一个立方体，而整个过程完全没有人工参与。

你也许未曾体会到 4D 打印的领先优势，那么可以这样设想一下，很多城市每逢雨季都会开启"看海"模式，雨水难以在第一时间从主城区排出，这是城市中"较窄"的地下管道系统，难以处理大流量雨水的先天矛盾。如果管道可以利用可编程的材料进行铺设，每条管道都能适应变化的环境，当流量过大时，扩大容量，反之缩小容量，如此一来城市内涝的情景将会有很大缓解。

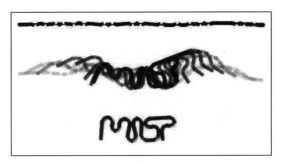

图 7-4 麻省理工学院 4D 打印

可以看出，相对于 3D 打印，4D 打印技术增加了时间这个维度，也可以这样说，3D 打印如同产品的制造过程，打印完毕即是造物呈现的终结，而 4D 打印技术则是造物呈现的开始。在外界激活因素的作用下，刚性的智能材料（4D 打印材料，如记忆合金），按照事先设定的路径完成形态的改变，以适应环境的变化，未来随着 4D 打印可记忆材料的不断丰富，这样的技术在很多领域都会有所应用。

3D 打印价值，或许是你不知道的

3D 打印的核心价值，远不是桌面级 3D 打印机就能表现的，说其可以重塑全球制造业的格局，这绝不是危言耸听。

现如今，3D 打印触及的领域越来越多，3D 打印的金属材料被广泛应用于飞机发动机压气机部件，以及火箭、导弹和飞机的各种结构件；三星堆出土的破损文物，通过 3D 打印技术进行了还原级别的修补，传统模式下，一件青铜器修补，一个工匠大概需要两周的时间才能完成，而用 3D 打印时间可以压缩到 1 天；钛质骨植入物、义肢及矫正设备，在医疗行业大放异彩，解决了数以万计残障人士的生活难题，我们会在后面介绍 3D 打印在行业中的应用。

3D 打印正在渗透每一个行业，以往我们难以想象的技术应用在不断落地，越来越多的行业开始将 3D 打印技术作为突破口，对外进行疯狂扩张。当然，

3D 打印技术尚未走进千家万户，质疑者仍然存在，3D 打印是厄运，还是机遇？

是时候破解这个迷局了。

第 2 节　迷局？是厄运，还是机遇

电脑的最初形态是体型庞大的巨无霸，高达十几米的庞大主机承担着计算弹道导弹轨迹、模拟天气状况、地质勘探等高科技工作。由于那时的电脑制造经费非常高，制作一台的成本需要数千万美元，于是，科学家预测世界上只需要有 5 台电脑就够了。

在当时的环境下，这样的认知应该是"真理"了，但如今看来却显得非常可笑，技术发展在以难以想象的速度挑战人们的思维。

PC 端如此，3D 打印又是什么样的局面呢？

是复制 PC 端的高速发展路径，还是在技术发展浪潮中继续迷茫？未来的 3D 打印技术是在迷局中突破，还是被淹没？是厄运，还是机遇？不妨以极度"挑剔"的眼光来审视 3D 打印。

反对派，3D 打印难以在市场中维系

传统的精密加工，精度达到微米级（1 微米 = 0.001 毫米）是非常容易办到的，但目前世界上最好的 3D 打印机，打印精度也很难达到 0.01 毫米，相对于精益制造的工业领域，3D 打印塑造的产品精度只能算是"渣"！

这样的精度，让很多 3D 打印的反对者认为，3D 打印技术难以在市场中持续发展，工业领域的精度有无可比拟的优势，这是事实，也是 3D 打印技术在短时间难以突破的瓶颈。但有些行业并不在乎产品的精度，比如医疗领域的义齿、骨骼，它们更希望拥有更高的强度，而非精度。

因此，3D 打印在一些不在意精度行业的发展有着潜在的发展优势，而一旦精度出现质的飞跃，那将是传统精密加工噩梦来临的时刻，同时也是先进制造业兴起的契机。

3D 打印的质疑者依旧很多，但是反对的声音在逐渐减弱，主要原因源于 3D 技术在不同领域的持续落地，相信未来几年，3D 打印会让更多的人转"黑"为"粉"。

支持派，3D 打印将创造新的行业和市场体系

2015 年 8 月，国务院总理李克强主持国务院专题讲座时，曾经表示"3D 打印是制造业有代表性的颠覆性技术。它改变了传统制造的理念和模式，具有重大价值。"

李克强认为未来的"国之重器"将是工业制造，"以向智能制造转型为关键，以大众创业、万众创新为依托，走在升级发展前列。"以"互联网＋"为代表的 3D 打印、物联网、工业 4.0 等前沿制造技术，正是李克强关于打造制造业强国、实现经济转型的重要一步。

国家层面的政策支持，让 3D 打印技术的落地充满期待，作为政策框架让更多的人开始关注 3D 打印。但是让 3D 打印持续稳定发展的重要节点则是在实际运用方面，3D 打印的技术优势非常明显，比如制造复杂产品不增加成本，产品多样化不增加成本，无需组装，零时间交付，零技能改造，不占空间，便携制造，减少废弃副产品，扩展产品设计空间，精确的实体复制，材料无限组合……

如此种种，让 3D 打印进入其他行业既有了政策的支持，也有了成本、效率优势，一些行业充分利用 3D 打印技术的领先优势开辟了新的成长优势和业态，本章稍后部分会介绍 3D 打印技术在不同行业的落地行为。

中立派，看好 3D 打印，期待在消费领域落地

还记得个人电脑的发展历程吗？

20 世纪 90 年代中期，个人电脑依然保持"贵族"的身份，很多人喜欢，但是高昂的价格，却让很多人望尘莫及。"买与不买"之间，考验着多数人的抉择，有很大一部分人认为"个人电脑是好的，等价格便宜一些再出手购买吧。"

这个过程并未让大家等待太久，20 世纪末，摩尔定律的作用迅速生效，个人电脑的价格出现了较大幅度的下滑，同时，多媒体技术也呈现出高速发展的态势，满足了大众通过个人电脑进行数字娱乐方面的需求，这两个主因吸引了一大批人购置电脑。

这一阶段 3D 打印机与个人电脑有着惊人的相似之处，人们对 3D 打印技术有着非常好的憧憬，但是价格的因素阻止了人们进一步的决定。"买与不买"之间，一部分人的想法也许是"3D 打印机是好的，等价格便宜一些再出手购买吧。"

也许 3D 打印机的价格再低一些，数字化建模技术再简单一些，打印的精度更高一些，刚性需求点将会逐步浮出水面，3D 打印机的目标消费群体也会越来越庞大。

在当下，3D 打印的先行者，已经品尝到这个技术在时间、成本、效率等方面带来的巨大红利，3D 打印机生产商 / 打印材料生产商、3D 打印设备经销商、3D 打印服务商等产业体系不断成熟，越来越多的行业开始了 3D 打印的征程。

接下来，我们将看到 3D 打印技术在成熟行业的落地，也会看到这些受益行业是如何依靠 3D 打印获得新的发展态势的。

第 3 节　颠覆性创新，制造业反应门槛急剧降低

关乎居民消费指数的 CPI，象征着工业景气指数的 PPI 和采购经理人指数，近几年的走向不尽如人意，这也预示着经济的形式不是非常的乐观。不仅是国内面临着这样的窘境，欧洲、北美，乃至全世界都面临着经济衰退的困扰。

"覆巢之下，安有完卵？"全球经济尚且如此，企业在经济危机的大环境下也难有出色的表现。于是众多企业、组织开始了大规模的整合措施，提高工艺流程、优化生产成本、实现精益生产，同时随着 ERP、SAP、QMS、MES、CRM、HRM 等系统的相继出现，企业在生产、品质、物流、计划、贸易、人事、财务上产生了非常好的化学反应，但是并不是所有的信息系统都可以产生预期

的回报，原因在于完全依靠线上的系统，未必可以解决所有的问题。

以"互联网＋"为核心的跨界融合，让众多传统行业尝到了甜头，云计算、大数据、移动互联等技术在不同行业遍地开花，3D 打印的出现同样深刻地影响着多个行业，尤其是制造业。

下一代工业的发展方向

《新工业革命》的作者彼得·马什将制造业的模式分成 5 个阶段，第一阶段是少量定制，第二阶段是少量标准化生产，第三阶段是大批量标准化生产，第四阶段是大批量定制化，第五阶段是个性化量产。

制造业经历了数十年的发展，目前依旧处在新工业革命的第三阶段，即大批量标准化生产，标准化的产品诞生在市场，消费者只能被动的选择。

对于消费者来说，已经厌倦了千篇一律的产品形态，哪怕是一个杯子、一个手机套、一套家具，消费者都希望可以更加个性化。

个性化，就需要对产品进行"定制"（如图 7-5 所示），每个消费者都有自己的审美，希望定制的产品各不相同，于是就会出现这样的情形，一个订单只包含一个定制化产品。

图 7-5　定制化的 3D 打印产品

传统的商家是不可能因为寥寥数个，或者数十个的订单进行流水线的生产，传统制造业会毫不犹豫地放弃这样的订单。而 3D 打印不同，由于是通过打印头输出材料，同一时间只能输出一个，从时间成本上讲，制作一个产品并不会耗费太多的时间成本。

越来越多的消费者渴望"定制"产品，这样的需求会出现大规模增长态势，我们会看到第二次工业革命以来引以为傲的"流水线"生产将被彻底颠覆，这将迫使生产线停滞、拆除，或者向个性化和定制化转型。

3D 带来了全新的生产方式，生产方式得到了根本变革，这是下一代工业的发展方向，制造业大批量定制化阶段将迅速到来，而未来，更加个性化的量产也会随着 3D 打印速度的提升加速到来。

个性量产井喷，周转与利润的双赢

中国基础工业的长板优势是批量生产，生产 100 万只玩具猴子，远比生产 100 只玩具猴子要拥有更高的利润，模具、流水线在这里起到了决定性的作用。

但正如前面提到的那样，消费者不再喜欢同质化的产品，未来的市场行为必须顺应消费者的消费模式，才能获取最大的利润。

消费者的产品需求可能会类似，但绝不会完全相同，100 只玩具猴子的造型、颜色、细节都可能有所差异。对于不同的需求，传统加工不可能完成，但是 3D 打印是依靠"3D 图纸"作为数字世界和现实世界的桥梁。所以，对于 3D 打印机来说，打印完全不一样的图纸，所消耗的时间是完全一样，即便是面对复杂造型也不会耗费时间。

3D 打印快速成型的技术特点，降低了新产品的制造门槛，缩短了创意转化为产品的时间，设计和开发人员不需要将精力投放在生产环节，而更加专注产品本身，这可以让我们更容易地将想法变成现实，任何人只要有创意和想法，无需懂得传统制造业的各种生产工艺。

个性化产品的生产，将激发 3D 打印的长板优势，随着订单的不断增多，3D 打印的量能将会出现井喷的态势，那时 3D 打印所产生的利润将会呈现指数级增长。

3D 时代，柔性制造的企业新 IP 生活

首先，解释一下什么叫 IP，IP 即 Intellectual Property（知识产权），IP 在当下是非常被注重的，拥有尖端 IP 则拥有市场的话语权。

再来说一说"柔性制造"，它是相对于"刚性"而言的，传统的"刚性"自动化生产线，实现了单一品种的大批量生产，一旦产品出现更新或者材料进行变革，刚性制造很难实现快节奏的切换，即便可以切换也会考验生产线的继承能力和兼容能力。如果产品的"大小"出现重大变革，则需要对模具进行大刀阔斧的改造，一旦涉及扩展系统结构的限制，刚性制造基本上无能为力。

在 IP 满天飞的时代，每一个企业在任一时间的思维和创意都是在变化的，依靠传统行为，每一次输出新的产品，都需要对产品流程进行重大变革。

这样的调整由于涉及产线、模具等多个因素，产品的契合度未必能达到 100% 的准确，瑕疵在所难免，成本、效率方面也都难以承受这样的不规则需求变更。更为关键的是，"商业时机"的遗失，或许正在调整产线时，竞争对手已经完成产品的再造和大规模市场投放。

3D 打印技术的出现，让 IP 的实现更为容易，身处北京的设计人员和远在美国的设计人员在产品的研发层面没有任何障碍，双方的人员只需要传播 3D 图纸，并根据图纸进行修正和传递，当创意敲定后，双方即可实现 3D 打印，这是时间、空间的柔性制造，在扩展领域的柔性制造，3D 打印同样不甘落后。

常规思维是，3D 打印的物品只能比 3D 打印机小，如果说 3D 打印机可以打印出比自身大数百倍的物体，你相信吗（如图 7-6 所示）？

图 7-6 是 Google 3D 打印模块化智能手机 Project Ara 的原型，这里包括了运行手机所必需的核心模块，如电池、USB 充电器、应用处理器、扬声器和 LED 模块等。组装一部手机，就像拼积木一样把所需模块进行拼接即可，这些模块大多是通过 3D 打印机打印完成。

手机如此，对于大型或者超大型项目，也可以采用模块拼装方式，即打印较小组件，然后按照既定图纸进行拼装成型，建筑行业通过拼装行为，可以打

印出比自身大数十倍、数百倍的成品，这也间接证明了 3D 打印可以在任何领域都可以"造物"。

图 7-6　Google 3D 打印模块化智能手机 Project Ara 原型

一个个不可思议的 3D 打印产品不断涌现，在挑战人们想象的同时也让更多的人相信 3D 打印技术的实力。创客和极客将 3D 打印技术融入到工业领域，很多制造业在保持原有流水线的基础上，开始通过 3D 打印技术完善"定制化"产品来弥补市场的不足，这是"互联网＋"的一个新的发展方向。

一些企业获得了新的收入增长模式和新的发展业态，工业领域持续再发展的需求将不断延续。

第 4 节　医疗领域，3D 打印奇迹诞生的地方

场景再现 II：

这是一个真实的事件。

美国密歇根州有一个名叫卡伊巴·琼弗里多（Kaiba Gionfriddo）的小男孩，只有两个月的他被检测出患有气管支气管软化，由于支气管坍塌，氧气无法顺畅地进入肺部，小男孩经常会停止呼吸，有医生曾预言说他永远都不可能离开医院。

但是他的主治医师霍利斯特并不想放弃这个小男孩，他试图用 3D 打印机为小朋友制造一个气管。霍利斯特先是对卡伊巴的胸部进行了 CT 扫描，根据扫描的结果创造了一个计算机模型，然后用 3D 打印机把这个数字模型转化成聚己酸内酯做的气管（如图 7-7 所示），再通过外科手术将这个打印的气管固定在孩子的呼吸管道上。由于采用的是具有生物相容性的聚合物，理想情况是 2 ~ 3 年后可以融入到孩子的身体，成为气管的一部分。

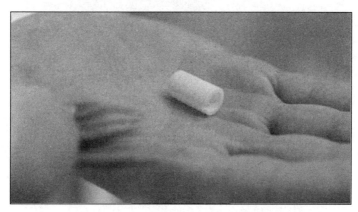

图 7-7　3D 打印的聚己酸内酯做的气管

接下来的数年里，卡伊巴已经完全摆脱了呼吸器，自主呼吸不再成为奢望，3D 打印的神奇已经颠覆了很多人的观念。

然而这仅仅是 3D 打印的一个缩影，广泛的医疗应用更加佐证了 3D 打印在医疗领域的高速发展进程。

义齿 & 骨骼 & 人造耳托，早已成熟的 3D 打印

义齿，也就是人们常说的"假牙"，传统义齿的制作首先要为口腔拍摄照片，然后根据照片制作义齿基托，再通过分离锯去除模型内侧多余部分并对内侧打磨光滑（如图 7-8 所示）。

传统做法拍摄的照片局限于平面，牙齿的位置只能通过照片进行粗略的建模和制作，在最基础的粗加工环节就会造成义齿基托的结构性差异，后期的手

工打磨，更加缺少精度，这就造成了佩戴义齿的群体普遍反映使用起来不舒服。

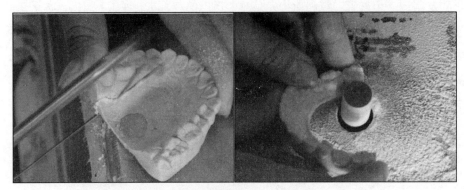

图 7-8　传统义齿基托制作工艺

3D 打印义齿则通过 3D 扫描仪对患者口腔进行扫描，随后进行数字化建模，重建树脂颌骨及义齿。这是全方位立体扫描，每一个细节都得以分析，因此，3D 打印的义齿基托和口腔的匹配度几乎达到 100%，同时 3D 打印的精度远远高于手工制作，患者佩戴极为舒适；在时间方面，制作成一颗全瓷种植牙大约需 6 分钟，相对于手工制作可以减少 90% 以上的等待时间。

在医疗领域同样应用较为广泛的是 3D 打印骨骼和人造耳托。

四肢有残疾的患者比正常人更加渴望可以走路和通过双手来使用工具，3D 打印机则帮助更多的人实现了这个愿望。

3D 打印骨骼和打印义齿较为相似，也是使用 3D 扫描仪获取数据，这不仅是医疗界的常规方式，也是大多数 3D 打印的前期工作，比如文物修补也需要先行使用 3D 扫描，获取断层的准确信息。

扫描后的数据存储在云端，利用大数据进行翔实的分析，并最终形成一个适合患者四肢的 3D 打印骨骼。目前较为先进的是钛合金骨骼，这种材质具有非常好的强度和韧度，同时骨生长情况也非常好，在很短时间内，就可以看到骨细胞在打印骨骼孔缝中快速生长，这样可以保证患者更快地使用义肢。

另外，基于肌肉和皮肤的 3D 打印技术也在研发和测试中，未来的 3D 打印将更为全面，患者的再康复也会快速进行，同时也更加趋近于真实感官和感觉。

人造耳托可用于先天畸形儿童器官移植，由于软骨内部不需要血液就能够存活，3D 打印的软骨非常适合人体组织，人造耳托也是基于 3D 扫描获得的真实配对数据，完全是为患者量身定做的器械或植入物，佩戴的舒适程度自然比传统流水线制作的要好很多（如图 7-9 所示）。

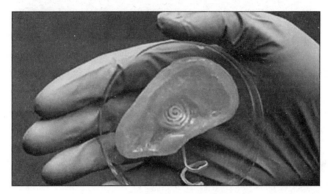

图 7-9　3D 打印的功能性耳朵

国内在口腔界、骨外科的 3D 打印技术也已经非常成熟，在国际方面，美国食品药品监督管理局也批准了将非金属 3D 打印材料作为人体植入物，这加速推进了 3D 打印技术在医疗领域的落地。

器官移植，没有就打印一个吧

下面是一个以令人遗憾的数据，全世界每天就有 18 个人因为找不到合适的移植器官而死亡，这样的情形已经困扰医疗界许久，但这种局面很快将因为 3D 打印被打破。

这里的打印机是"生物墨水 3D 打印机"，它拥有两个打印头，其中一个放置不超过 8 万个"人体细胞的生物膜"，另一个打印头放置可打印生物纸。

首先，将提取好的活体组织、细胞（误差可以控制在 20 微米）注入打印机，打印机开始工作，先行打印器官或动脉的 3D 模型，接着层层打印细胞，打印完一圈生物膜细胞以后，接着打印一张生物质凝胶，以保护和聚合细胞，重复这个过程直到 3D 打印完成新器官（如图 7-10 所示）。

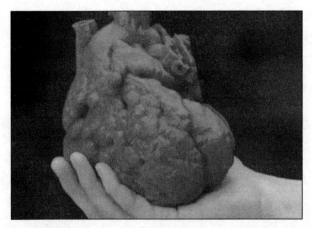

图 7-10　3D 打印心脏

打印的器官拥有细胞的特性，它可以自然且主动地重新组织融合，并形成新的血管，每个血管需要 1 个小时形成而融合在一起，整个器官仅仅需要数天。

相对于没有器官可以移植来说，数天的等待没有太多障碍了，同时细胞取自于患者自身，排异反应几乎不存在，可以安全、可靠地匹配患者的身体特征。现在一些科研机构已经完成了血管和皮肤的 3D 打印，医疗机构准备将 3D 打印的器官、血管、皮肤应用于手术中，这对于帮助患者延续生命是非常有效的。

不可思议的"干细胞"打印

干细胞是具有自我复制能力的多潜能细胞，它可以激活人体自身的自愈功能，增加正常细胞的数量，提高细胞的活性，改善细胞的质量，可以防止和延缓细胞的病变，还可以对抗疾病、延缓衰老。对于身体来说，干细胞是身体绝对的呵护者、保护者。

但是干细胞是会衰退的，它的衰退会造成人们免疫力低下、衰老和死亡，人们不愿意看到这样的事情发生，如今一些高科技技术开始探索人体干细胞的研发工作。

科学家通过 3D 打印机打印干细胞（如图 7-11 所示），干细胞打印后依然保持鲜活而且具备发展成为其他类型细胞的能力。科研人员随时关注细胞的存活状况，结果显示打印 24 小时后，95% 以上的细胞仍然存活，打印 3 天后，超过 89% 的细胞仍然存活，在这个过程中，干细胞一直维持着多样性，且拥有分化多种细胞的潜能。由于 3D 生物打印机采用的是人体自身的细胞，与人体相容自然不会产生排异反应。

图 7-11　3D 打印人体干细胞

一旦干细胞可以满足长时间的活跃，并进一步生成其他细胞，它将具备移植到患者体内的临床可能，3D 打印的干细胞可以修复患者的受损器官，改善患者的生理疾病，这将颠覆以往的医疗理念，这是一个不可思议的医疗奇迹。

我们可以看出，医疗界的 3D 打印可以覆盖几乎绝大多数领域，从最低端的、没有生命的义齿、骨骼，到耳托、气管、软骨，再到人体顶端控制系统的心脏、肝脏等重要器官，甚至人体不可或缺的干细胞。

3D 打印在医疗界的现实应用和关键价值在不断提升，尽管有些打印的内容尚处于测试阶段，但是随着技术的成熟，未来可以打印的内容是很多人不曾想到，也不会想到的。

第 5 节 "互联网＋"深度融合，3D 打印的超级跨度

工业、医疗是 3D 打印技术出现最多的领域，然而这只是一个缩影，3D 打印触及到的领域远远不止这些，我们每天不可或缺的食品，关乎舒适生活的住宅，未来的出行手段，甚至高不可攀的航天航空领域都能看到 3D 打印的身影。

吃文化，另类饮食入侵厨房

不单单是"吃货"，普通人也难以抵挡美食的诱惑，尤其是具有"卖相担当"的美食，若再给这个美食加上一个标签——"亲手制作"，那么，不仅吃起来感觉味道非同一般，还会将美食分享给朋友 and 朋友圈。

"吃文化"在中国有着深远的影响，透过"吃"，让 3D 打印机在民用市场普及是非常接地气的事，但是 3D 打印出来的食品是否突破想象力，有没有吸引力。我们不妨先来看看 3D 打印的作品吧（如图 7-12 所示）。

图 7-12　3D 打印的各种美食

图 7-12 （续）

　　品尝不到味道，但是"色香味"中的"色"确实可以吸引多数人的目光，3D 食物打印机仅从外在来看，确实可以替代传统的食物。接下来，再来感受一下 3D 食品的"香"和"味"，这是我们品尝不到的，但是可以通过 3D 打印的原理来感受。

　　Foodini 3D 食物打印机内置 5 个胶囊，用来存储不同的食材。制作美食前，首先把新鲜食材搅拌成泥状后装入胶囊，然后选择控制面板上想要制作的美食即可。Foodini 3D 食物打印机配备 6 个喷嘴，可以组合、制作出各种各样的食物。

　　多个喷嘴可以混合不同的味道，味道配比、混合往往能超过单一食材的味道，因此 3D 打印在"香"和"味"方面，也会有不俗的表现。

　　3D 食物打印机拥有诸多优势，首先是自娱自乐，满足了更多人亲自动手的快感，还可以根据需要随时调整口感，比如：让饼干更加薄脆，让肉更加鲜嫩多汁，这对于 3D 食物打印机来说没有难度；另外，3D 食物打印机液化的原材料能很好地保存，解放了厨房空间；更具意义的是，3D 食物打印机或许能缓解粮食不足的难题。联合国的统计数据显示，预计 2050 年全世界的人口将达到 90亿，这意味着新增长的人口将分享现在的粮食资源，未来粮食供应不足的问题，或许需要依靠 3D 打印来实现。

通过"食品"作为 3D 打印的落地点，融入吃玩的娱乐元素，尽管看起来有些另类，但是新奇的事物可以让民众更容易接纳。随着食品打印机批量上市，可以制作的美食将更为丰富，不久以后，我们就会像使用电饭煲煮饭一样使用 3D 食物打印机了，那时的 3D 食物打印就是另外一番风景了。

打印一个楼房吧！

一栋面积约 1100 平方米的别墅、一栋 5 层居民楼和一栋简易展厅，需要几天的时间建造完，又需要多少钱？

传统工艺至少需要 2 个月的时间，耗资至少数千万元；而 3D 打印，成本和时间少得惊人，仅仅需要 100 多万元，打印 1 天、拼装 2 天、3 个工人就已经足够（如图 7-13 所示）。

图 7-13　3D 快速打印建筑物

场景再现Ⅲ：

该 3D 建筑打印机高 6.6 米、宽 10 米、长 32 米，巨大的体积也决定了打印机是非常扎实的，打印机的伸展臂可以无限延长，因此打印的范围基本不受限制。

3D 建筑打印机打印时，从打印口喷射出"油墨"（以砂、水泥和无机黏合物为主要原材料），以"Z"字形打印层层叠加，垒成墙体，墙体风化后会迅速凝固（如图 7-14 所示）。据测量，这种墙体的强度是普通水泥的 5 倍，由于内部是中空结构，保温性能更好。采用 3D 建筑打印机 24 小时内可打印出 10 栋 200 平方米的建筑。

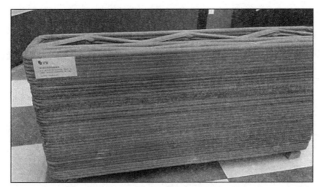

图 7-14　建筑物的基础墙体打印模型

建筑成本减少，人力资源也大幅缩减，建筑物从建设到使用的时间缩短了 N 个数量级，然而这并不是 3D 建筑打印机的全部优势，由于建筑材料通过打印口喷出，没有任何建筑粉尘的污染，这种绿色低碳的建筑对于环境的保护也是非常有利的。

航天航空领域

一般来说，航空航天领域的产品，有着严格的要求，比如长寿命、高可靠性、能适应各种环境，同时还要满足高强度轻量化的需求，故采用传统金属材料和传统加工制作方法，周期相对比较长，3D 打印机则可以将液化的金属按照图纸输出，输出后的产品拥有金属的一切特征，强度和韧度都非常出众，如果增加合金或者其他元素，3D 打印的产品会拥有更轻、更强、更可靠的指标。

发动机喷射阀是火箭引擎中最昂贵的组件之一，传统工艺中，制作喷射阀需要耗费大量的成本和超过一年的制作时间，3D 打印技术的引入，将时间缩短一半以上，成本降低 70% 以上，效率和性价比均呈现上升的趋势。

3D 打印还广泛运用在风洞实验领域。风洞是通过人工操作产生和控制气流，用以模拟飞行器周围环境气体的流动，并生成数据和分析走势，度量气流对物体的作用和气动特征，进而调整飞行器的外观和阻力配置。

传统的风洞是工厂根据图纸制作完成的，一张图纸只能完成一个风洞。如果工程师拥有了新的设计理念、方案，要更改风洞的造型，只能由工厂重新制作，这是一个非常漫长的过程。

3D 打印改变了这样复杂的流程，当工程师的风洞设计完毕后，可以通过 3D 打印机直接将设计成果打印出来，打印所需要的时间远远少于工厂制作的时间。未来 4D 打印成熟后，风洞的实验或许可以和 4D 打印的水管一样，可以根据环境和设计主动改变自身形状，以准确获取不同环境动力学的仿真和模拟飞行器的量能分布。

3D 打印未来出行模式

未来出行会乘坐什么样的交通工具呢？自行车？汽车？飞机？

传统的出行工具依然会存在一段时间，但是日渐拥堵的城市交通，会让创客研发出更加极致的产品。

3D 打印汽车我们在第 1 章已经简单介绍了，民用级别的汽车已经可以进行 3D 打印，并且可以正常行驶在公路上。如今，世界上首辆 3D 打印赛车——Areion 也已经问世（如图 7-15 所示），在德国霍根海姆赛车道上从 0 提速到 100km/h 仅用 3.2 秒，同时采用了电力驱动系统、生物复合材料和比利时 3D 打印厂商 Materialise 的大件打印技术等。赛车的质量、速度、强度等要求高于普通汽车数个级别。3D 打印赛车的出现也宣告了交通工具可以拥有高速度、高稳定性、高可靠性的安全级别。

图 7-15　3D 打印赛车——Areion

随着工业 4.0 的稳步发展，机器人、智能设备将带动新一轮的发展高潮，无人驾驶的 3D 打印汽车将会出现在市场上，而且它所经历的制造流程将更少，但是却更精确，这背后有很多尖端科技的支撑，但其最终成型依旧要依靠 3D 打印技术的快速发展。

3D 打印颠覆的行业不仅仅局限在制造业、医疗业、航天领域，同样深受其影响的行业还有很多，以 3D 打印技术为代表的数字化制造技术将成为引发新一次工业革命的关键因素，未来行业改革的第一步已经迈出。在"互联网＋"的大背景下，行业的服务和生产模式，以及产业链的运作行为都将发生变革，这孕育着无限商机和商业利润。

第 6 节　3D 不孤单，"互联网＋"助力发展

2012 年美国国情咨文演讲上，奥巴马高调宣称，要让设立在海外的工厂都搬回美国本土。美国的人力成本要数倍于廉价的劳动力市场，为什么奥巴马要在国情咨文发表这样的演讲？相信奥巴马不会无的放矢。

制造业会重返美国，首先是 3D 打印再也不需要那么多的人力和物力，制造周期和成本在不断缩短，机器人技术、人工智能技术、纳米技术等领先技术也让制造业变得更加智能和简单，同时大数据、云计算的运用会让产品变得更具有针对性。

技术的优势，创造了新的业态和收入增长，全球各大经济体已经非常重视，我国同样不例外。"互联网＋"从政策到落地，让技术和实际的生产、加工制造环节形成了良性的发展趋势，我们来看看这些技术为 3D 打印带来了哪些支撑。

3D 智能数字打印，大数据的深度学习

史前巨石阵（Stonehenge）是世界上最重要的史前遗址之一，拥有长达 4300 年的历史。著名的巨石阵遗址现在位于英格兰南部沙利斯伯里，主体是由一根根巨大的石柱排列成几个完整的同心圆，石阵的外围是直径约 90 米的环形土岗和沟，沟是在天然的石灰土壤里挖出来的，挖出的土方正好作为土岗的材料，紧靠土岗的内侧由 56 个等距离的坑构成又一个圆，坑用灰土填满。

巨石阵最壮观的部分是石阵中心的砂岩阵，它是由 30 根架着横梁，彼此之间用榫头、榫根相连的石柱形成的一个封闭的圆阵。这些排列成马蹄形的巨石位于整个巨石阵的中心线上，马蹄形的开口正对着仲夏日出的方向，这是百度百科对史前巨石阵的定义，但是这只是文字的描述，我们可以知晓巨石阵的外貌，但是"史前巨石阵之谜"远不是通过简单的描述就可以清楚的。

很多科学家都希望发现史前巨石阵的历史、隐藏的雕刻图案到底有什么含义，还有这些史前巨石堆放的位置有什么秘密。

采集样本等行为无法形成一个宏观的认识，为了了解准确的宏观和微观数据，科学家通过 3D 激光扫描仪对整个巨石阵进行断层扫描（即把某个物品切成无数叠加的片，生成一个物品全貌，它是 3D 打印的逆过程，如图 7-16 所示），生成了 850GB 的数据，记录了 83 个巨型石块表面数十亿个微型结构，当科学家剖离 1 ~ 3 毫米厚的风化层后，石块上露出的图案又形成了新的数字化数据……

图 7-16　3D 扫描史前巨石阵

数百 GB 的数据，如果仅仅依靠简单的建模、数字分析，难以挖掘出这些数据所带来的核心含义，需要通过高性能运算，在此就需要具有大规模处理能力的云计算和大数据来进行处理。很难想象 3D 打印技术可以和大数据有实质的联系，但是科技就是这样微妙，技术的联合将会生成更大的威力，未来考古挖掘、工业建筑将会更多地通过 3D 扫描和大数据分析做出最优判断。

虚拟现实，把你的想象变成产品

脑电波是大脑最真实的反应，把虚拟的想象变成真正的产品，这是意念的打印，是最高级别的虚拟现实。

Thinker thing 首次成功地通过脑电波进行 3D 打印（如图 7-17 所示），将脑机和接口耳机佩戴完毕，用户通过软件进行思考。在思考的同时，系统开始记录用户大脑的脑电活动，并生成用户大脑想象的模型，然后传递给 3D 打印机，制作出 3D 模型。

在小朋友的参与过程中，研究人员会向他们展示许多具有不同特征的动物形象，14 个拥有物联网特性的脑电活动的传感器，可以记录小朋友最喜欢和最讨厌的动物形象。随着观看的图片不断增多，一个虚拟的形象就此生成，随后传递给 3D 打印机进行打印。

图 7-17　基于脑电波的 3D 打印

　　每个虚拟打印出来的物品都让小朋友异常兴奋，因此这个形象和小朋友脑子中的形象非常相似。这种信息交互方式可以让小朋友迅速沉浸到 3D 打印世界中，复杂的计算机建模软件将不再是 3D 打印的障碍。未来随着虚拟现实技术、脑电波获取技术、3D 打印技术的发展，透过虚拟现实眼镜将生成更多的即时成型产品。

为 3D 产品增加 AI 标签

　　3D 打印的产品是一个实体的物品，既然是实体的物品，对于志在"联结一切"的物联网来说当然想增加更加智能的价值。

　　蓝牙和 ZigBee 的价格因素，已经不是阻碍科技再发展的内因，几乎所有的物品都可以增加物联网的标签，3D 打印的产品更具有优势。产品源于图纸，设计之初就可以在 3D 图纸上设计蓝牙和 ZigBee 放置位置，不需要模具进行二次成型。

　　BeamToothBrush 是全球第一款智能牙刷（如图 7-18 所示），其内置一块蓝牙模块，通过它可以和手机端的 App 进行连接，刷牙的同时记录和监控口腔内的健康情况，并能够追踪牙刷在口腔各个位置的清洁时间，发现问题及时通知主人。

图 7-18　3D 打印的智能牙刷

从功能上看，这样的模式在物联网领域是非常容易办到的，不同的是
BeamToothBrush 的原型是使用 3D 打印机制作完成的。

这只是 3D 打印机和物联网的一个简单结合，未来更多的产品将会融入物联
网的标签。3D 打印的骨骼增加蓝牙模块，可以实时跟踪患者的健康恢复情况，
纠正其恢复过程中的错误习惯，帮助患者尽快康复。这样的情形将越来越多，
"联结一切"会在物联网和 3D 打印的发展路径上越来越广阔，越来越默契。

3D 打印，让工业 4.0 的步伐更快

3D 打印改变了工业产品设计与生产流程，产品原型不再需要通过生产线、
模具来制作，产品原型的输出将更快、更精准，价格也更低。低廉的数字化生
产技术将取代流水线作业，并形成定制化作业，但是实现新工业革命的第四阶
段"大批量定制化"还需要另外一个有力助手，那就是工业 4.0。

3D 打印的产品会有一些粗糙，所以在交付给消费者之前，产品会有一个丙
酮蒸汽抛光的过程。如果是手动抛光，这将是半手工制作的低速工艺，面对大
量的订单，"低速"是难以忍受的工业行为。

工业 4.0 越来越重视工业机器人的使用，3D 打印机打印出产品后，工业机
器人开始对产品进行打磨、抛光，所有工序完毕后，将产品包装，再通过运输

机器人传递到物流环节，消费者可以实时跟踪产品的生产、运输状况。3D 打印开启了上游的生产环节，工业 4.0 让产品更优质的生产、更快捷的运输、更自动的流程，未来的工业领域将用更少的人工，完成更复杂、更多样的任务，我们会在第 8 章介绍工业 4.0 塑造的未来。

写在最后

3D 打印技术为世界带来的变化会不会达到蒸汽机的高度？美国《时代周刊》已经将 3D 打印列为美国十大增长最快的工业，英国经济学人更是直白地指出，3D 打印机将会颠覆传统大规模、集中化生产制造业。经过 20 年的历练，3D 打印技术已经延伸到多个行业。

从行业分布来看，消费电子领域占主导地位，大约有 20.3% 的市场份额，其他主要领域分别为汽车 19.5%，医疗和医科 15.1%，工业级商用机器 10.8%。

从方便易用的角度上看，从 Windows 8.1 开始，微软操作系统已经开始集成 3D 打印功能，通过单击"打印"按钮完成直接打印过程，这也让 3D 打印更加方便、快捷。

从政策方面来看，国家开始支持、鼓励 3D 打印的发展，并提供了非常多的优惠政策，3D 打印的发展征程已经开始。

如同蒸汽机的出现，它奠定了其在第一次工业革命中的霸主地位，也正是依靠蒸汽机，才让人们第一次体会到了工业和农业天差地别的距离。3D 打印技术改变了产品的塑形模式，这和传统的加工工艺完全不同，3D 打印技术是否可以颠覆现有的工业地位，让我们拭目以待。

8

工业 4.0 高度自动化征程

尽管科技处在高速发展的通道，但是我们依然可以看到手工作坊的存在，这是传统思维对管理创新的干扰和压制。

那些很少采用自动化装置的企业，每年需要支付大量的人力成本，却并没有换来效率的同比提升。摊薄的利润、低下的产能，还有难以称之为效率的运营节奏，让传统企业在行业发展的大背景下丧失优势，"被淘汰"似乎是传统制造业不得不面对的命运安排。

然而，这并非是传统企业的所有顽疾，随着消费者需求的变化，新的瓶颈又摆在了管理者的面前，那就是离散制造，它需要实现生产设备网络化、生产数据可视化、生产文档无纸化、生产过程透明化、生产现场无人化，需要实现纵向、横向，甚至于端到端的集成，这让传统企业更加难以招架。

一场单纯的技术革命，没有能力改变传统企业所有的困惑，只有认清工业领域的本质，打破组织边界，将整个生产现场都纳入管理网络中，通过云计算、大数据、物联网，联结 / 处理结构化和非结构化数据，再通过自动感知、自我学习、主动决策、跨领域协作，深刻改造制造模式、流程乃至整个制造业的结构，这才是工业的未来。

或许，这是工业领域的最后一次革命，这次革命的主角是——工业 4.0。

第 1 节　4.0 时代，工业视角的变革

工业 4.0，很多人都听说过，但是工业 4.0 究竟是什么？为什么说工业 4.0 是工业的最后一次革命？它具有哪些领先优势？

我们先来看一看工业时代的发展征程（如图 8-1 所示），相信，这对于我们更好地了解工业 4.0 会有帮助。

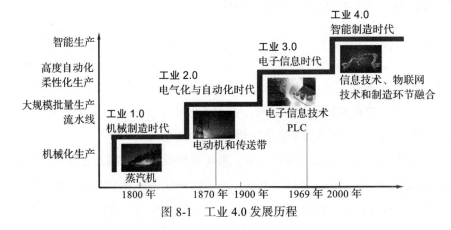

图 8-1　工业 4.0 发展历程

再发展，工业时代的发展征程

未经历那个年代，我们不能体会工业 1.0 时代的蒸汽机带给社会的巨大冲击，但是身处信息时代，我们切实感受到了信息系统对这个社会的震撼。

可以说，工业 1.0 是一个起点，随着机械、信息化的发展，工业的发展才呈现出快速推进的态势，"互联网＋"的出现，更是让工业领域呈现出不一样的进程。

1. 工业 1.0

18 世纪 60 年代至 19 世纪中期，水力和蒸汽机引发了机械化革命。农业、手工业主导的经济社会，开始转型为工业、机械制造，通常来说，机械制造时

代是最早出现的工业，也就是工业 1.0 时代。

2. 工业 2.0

19 世纪后半期至 20 世纪初，机械时代的效率，明显不能满足经济社会的需求。一种新型的，以电力为驱动的产品，开始迅速替代蒸汽产品。伴随着继电器、电气自动化控制能力的提升，流水线开始出现在生产领域，生产效率大幅提升，人力成本急速下降，这是工业 2.0 最明显的标志。

3. 工业 3.0

流水线让批次性生产得心应手，但随着需求的增长，企业主发现生产效率、良品率、分工合作、机械设备依旧存在瓶颈，究其原因是生产线的自动化程序不足，于是自动化控制逐渐浮出水面，应用电子与信息技术开始接管这一时代。

PC、PLC、单片机等电子、信息技术开始进驻企业，通过自动化控制的管理机械，由于所有的环节都采用优化的自动生产链条，每个环节都配合得更为出色，产品的效率、速度、品质都得以提升，以电子信息化为主体的工业 3.0，从 20 世纪 70 年代开始并一直延续至现在。

4. 工业 4.0

流水线、产品是实体存在的，PLC 的控制系统是虚拟的，实体和虚拟的结合让工业 3.0 大放异彩，但是 PLC 的控制仅限于企业内的电气工程师，即便是 IT 人员也很少通晓，更不要说其他非技术人员了。

工业 3.0 虽然有了实体和虚拟的结合雏形，但是非常狭隘，真正的结合需要实体和虚拟网络世界的融合，工业 4.0 时代就是以信息物理系统（Cyber-Physical Systems，简称 CPS）的智能化为核心，实现产品全生命周期、全制造流程数字化以及基于信息通信技术的模块集成。

订单下达、配件生产、产品组装、物流配送，都是以智能运营为主导，这是一个高度灵活、个性化、数字化的产品与服务新生产模式。

工业 4.0，并不神秘

太多的渠道提及工业 4.0，但是工业 4.0 究竟说什么，相信一些人并没有真正的了解，其实工业 4.0 并不神秘。

从字面上看，这是相对于工业发展的路径而衍生的名称，但是工业 4.0 绝不是工业 3.0 的升级版，而是在工业领域注入了新的理念和活力。

由于有了物联网，实物（包括生产的产品和采购原材料）增加信息化标签并不困难，但接下来怎么利用信息化标签，这个就是工业 4.0 需要进一步深入探索的事情。

采购的原材料有名称、规格、型号，这些信息是必需的，传统的管理方式会将这些信息写到仓库管理系统、ERP，或者 SAP 中。

生产中需要这些原材料时，库管人员在系统中找到原材料的位置，然后发放给领料人员，至于用这些原材料做什么产品，这些产品发送到哪个城市、哪个用户，那是另外一些人的事情，因此我们会看到很多信息是闭塞的，或者以孤岛形式存在，难以共享是传统工厂的弊病。

而工业 4.0 时代，不再是简单地记录原材料的信息，而是要让所有的实物、所有的流程、所有的环节都"发出声音"，并传递到下一个环节。原材料到达工厂后，就拥有了信息的标签，这个标签包括名称、规格等信息，还包括这个原材料需要进行哪项工艺，下一个流程是什么，哪个机器人来完成工序，在形成产品后，还会包括这是哪个客户的产品，以及物流的信息、路径等所有数据。

全领域的信息，最大化地减少人工参与，在高度自动化的工业 4.0 环境，甚至很少看到"人"的操作，最大限度地减少人工参与，这将会达到工业领域的极限，因此，也有人说，工业 4.0 将成为最后一次工业革命。

工业 4.0 & 中国制造 2025

作为制造业的大国，我国对制造业的行动纲领长期保持高度关注，《中国制造 2025》的提出更加奠定了制造强国战略的行动纲领。

2015 年 5 月，国务院发布了《中国制造 2025》规划，次月国务院成立国家制造强国建设领导小组，将打造制造强国提升到国家战略的高度。

"中国制造 2025"指出，坚持"创新驱动、质量为先、绿色发展、结构优化、人才为本"的基本方针，坚持"市场主导、政府引导，立足当前、着眼长远，整体推进、重点突破，自主发展、开放合作"的基本原则，通过"三步走"实现制造强国的战略目标：第一步，到 2025 年迈入制造强国行列；第二步，到 2035 年中国制造业整体达到世界制造强国阵营中等水平；第三步，到新中国成立一百年时，综合实力进入世界制造强国前列。

"中国制造 2025"将更多地应用新一代信息技术产业、高档数控机床、机器人、电力装备、新材料等智能制造设备和工程，整个生产环节也将达到自主、自动的工作模式（如图 8-2 所示）。

图 8-2　国务院发布了《中国制造 2025》规划

可以看出，"中国制造 2025"与德国"工业 4.0"战略高度契合，在理念、设计、实施等方面也是非常相似的，由于工业的发展历程经历了 1.0、2.0、3.0 的时代，工业 4.0 的名称更具有延续性，接下来的章节我们将以工业 4.0 为主线进行介绍。

不再犹豫，工业 4.0 时代已经驾临

15 年，这大约是成熟企业完成"产、学、研"转化的时间，很多制造业经过 10 多年的发展，已经开始意识到了生产力和利润之间的鸿沟不断加大。

通过信息技术填补不足，是现代企业通常采用的手段，但是工业 3.0 所倡导的 PLC 等控制技术，在很多方面难以实现对科研能力的再转化。

PLC 可以控制生产线，但是难以接触消费者，这是一个众所周知的事情。最明显的例子是，消费者通过网络下达订单，PLC 无法获得消费者的需求，无法进行定制化生产，这仍然需要工人来手工开具订单进行生产，而生产下游的质检环节、仓储环节、物流环节，更是 PLC 无法控制的。

消费者并不会关心企业内部是如何运作的，只会关心自己下达的订单能不能完成，何时到货，这是消费者和企业在思维领域的矛盾。

很明显，消费者的思维不会有任何妥协，相反会有更加独特、个性、定制的需求。

既然消费形式已定，那么做出妥协的必然是制造业，信息时代引领的工业3.0 获取不到上下游的所有信息，也不能串联前端、后端等一系列生产链，疲态之势尽显，需要更加自动、更加智能、体验更佳的下一代工业体系进行完善。

在消费者决定市场，市场决定工业的背景下，先行构建智能的企业，势必会在市场上占据话语权，少量的人工换来的是效率的大幅提升，利润自然可以有很大斩获。未来是属于工业 4.0 的，它的核心主题和内涵将直接主导工业的未来。

第 2 节　工业 4.0 核心主题

工业 4.0 的优势刺激了多个行业和领域，各方面都在解读工业 4.0 的战略意图和内容，一些企业主想加入工业 4.0 的体系中，提高企业的核心竞争力，还有一些企业主在观望、在关注，窥视它能否真正地将企业带到新的高度。

作为核心主题，这些内容是无法回避的，掌握这些内容将更加全面地了解工业 4.0。

构建信息物理系统（CPS）

物联网的介入，让物理实体有了"生命"，各种传感器可以将物理量转变成模拟量，再转换为数字量，从而为信息空间和服务器所接受。

实体和虚拟之间进行通信，行使一些控制过程，这是物理网的一个进步，但是这个通信和控制仅限于物品与服务器之间，物体和物体之间很多时候无法协同，更没有办法进行自治。

　　未来的万物互联不仅需要连接物理实体，还要连接智能家居、生产线、PLC设备、机器人、智能导航等设备，这就需要建立集一个综合计算、网络和物理环境的多维复杂系统，实现计算、通信、控制的一体化设计。

　　CPS（Cyber-Physical Systems，信息物理系统）正是在这样的背景下诞生的，通过 3C（Computing、Communication、Control）技术，深度融合计算、通信和控制能力，管理和控制每一个物理节点，实现大型工程系统的实时环境感知、嵌入式计算、动态控制和信息服务。

　　CPS 的建立让物理实体、设备、机器人都有了再管理、再控制的能力，所有的物理设备都可以进行数字化的自动管理，底层设备已经拥有无差别的交互模型，接下来就是上层节点的流转，未来的流转将不再是"以数据为中心"，而是广泛采用"以内容为中心"的协作方式。

智慧工业，以"内容"为中心的协作

　　21 世纪的头十年，大型企业逐渐通过无纸化办公取代传统办公模式，信息系统的快速注入，让企业的发展速度迅速蓬勃起来。"信息辅助业务"的目标完美地呈现在企业管理人员、业务运营人员、社会参与人员的面前。

　　但随后的企业信息化进程并不顺利，甚至出现了瓶颈。

　　信息系统难以融合到生产领域，尽管拥有 PLC 设备，但是各自为战，无法实现全自动的自主操作；生产数据和流程可视化管理同样是部分可见，只能寄托于"人力"的协调，不管是传统工厂，还是工业 3.0 时代的工厂都是广泛存在的。

　　究其原因是，信息系统和生产、控制设备仍然是"以数据为中心"，也就是说信息系统的容器存放着流程和节点，生产、控制容器则存放着基于 PLC 的控制数据，至于后端的仓储机器人、运输环节同样面临这样的问题。

　　工业 4.0 时代面对的不再是"以数据为中心"，而是"以内容为中心"（如图 8-3 所示），所有的数据存储在"内容"容器中，这个容器中会覆盖所有信息，包括节点、流程、控制、管理，通过系统和机器人逐渐取代人工操作，"以内容为中心"引发的智慧工厂将极大地降低生产／交付周期，从而降低了疲劳操作的风险。

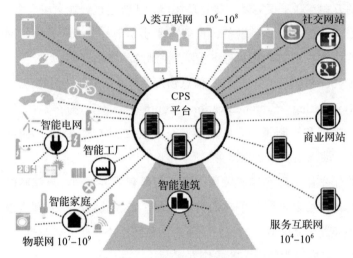

图 8-3　以内容为中心的智慧工业

另外，智慧工厂将过去深藏在应用系统中的数据挖掘出来，通过透明的方式实时反馈到各个决策和管理环节，为管理层和决策者提供数据，有效应对市场环境的变化，从而使企业的战略执行更具效果。

可以说，新技术为驱动智慧的成长提供了契机，数据感知、物联网、云计算、智能分析，逐渐成为促进企业持续创新的技术来源和动力支撑，通过方法论和大数据的支撑，智慧工厂具备了前瞻性、先进性、整体性等重大变革，配合第三方合作伙伴和外部资源建设，重新建立战略合作管理关系。

这将是未来企业发展的必经之路。

主动学习，个性化定制

是否有过这样的经历，打开冰箱，原本美味的食材变质、发霉，只能当成垃圾进行处理，这样的事情并非少数。奥维咨询的《中国家用冰箱食品浪费调查报告》显示，"每个家庭平均每年发生 176 次食物浪费现象，有 70% 的受访者表示，造成浪费的主要原因是一次购买太多和放入冰箱后忘记食用。

避免浪费，要尽量少采购，同时还要及时消化，但是总会有一些琐事，或其他原因让食物一点点的浪费，这是"人工手动"管理的弊端，而智能冰箱则是这样"清理门户"。

场景再现 I：

智能冰箱会根据食材新鲜与否，把不新鲜的食材移动到距离冰箱门最近的地方，提醒主人尽快食用，并对冰箱中的食材进行膳食合理性分析，推荐菜谱。假如食材不足，智能冰箱还可以和生鲜电商进行线上订货，实现食物补充、配送的自动化和智能化，而订购的一切都是大数据分析的结果，口味、品种完全符合主人的喜好（如图 8-4 所示）。

图 8-4　三星 Family Hub 智能冰箱

用户体验的提升，源自智能冰箱通过大数据进行主动学习的结果，每一个冰箱都可以为主人进行个性化定制，生活领域如此，生产领域更是如此。

大数据汲取了足够有用的数据，系统反馈学习机制，不仅要利用大数据的巨大容器，还要利用自己产生的数据，自我学习、自我判断算法和参数选择的有效性，并实时进行调整，持续改进自身的表现，主动学习可以让整个流程更加快速、更加合理。

技术的不足，导致工业 3.0 难以催生出创新应用和商业模式，物联网的出现让实体和物品有了相互沟通的机会，但仅仅是递交信息，并不能完全串联一切。工业 4.0 让信息的利用更充分、更主动，自我管理更加完善。

"大白"来袭，不挑剔、会干活的机器人进驻企业

大白（Baymax），迪士尼动画《超能陆战队》中体型胖胖的健康机器人，能够快速扫描、检测出人体的不正常情绪或受伤，并对其进行治疗；升级版的大白 2.0，安装了火箭拳套、红色铠甲和火箭推进器，战斗力爆棚。

大白 1.0，有着非常智能的人机对话，还会根据计算结果，进行最合理的判断和最佳的治疗。大白 2.0 增加了更多的功能，每项功能都和原有设计大相径庭，但是大白统统予以吸收，这源于其高超的学习能力，当然各项功能并没有产生排斥性冲突，模块化的增加在这里起到很大作用。

这是电影，很多环节是虚构出来的，但是目前机器人的发展速度已经在颠覆着传统思维，很多企业已经将机器人引入到生产、质检、运输环节（如图 8-5 所示）。同时，各个机器人的交流、沟通能力不断提升，狭小的生产、运输现场，即便有数百个机器人也不会出现碰撞等事故，这是机器间的对话，当然机器人与人的对话也是广泛存在的。

图 8-5　不同用途的工业机器人

如果需要增加功能，很多机器人都支持模块化的升级，也许今天是运输机

器人，明天增加一些机械手，就会拥有抓取物品的能力，扩展性非常强。不挑剔、会干活的机器人会越来越多地出现在制造业现场。这些机器人不再进行单一的工种和内容，而是可以相互对话，相互沟通，合作完成复杂工作，同时还不会产生冲突。

曾经有一本书叫做《奇点临近》，书中讲到 2045 年机器人的智能将超过人类的智能，随着工业 4.0 的发展，机器人计算/处理水平的不断提高，这也许将会成为现实。

李世石 vs AlphaGo

场景再现Ⅱ：

韩国围棋九段棋手李世石和谷歌公司 AlphaGo 的对弈，在围棋界和 IT 界掀起了不小的波澜，赛前业界普遍预测李世石会以 5∶0 完胜 AlphaGo，然而，预测倾向和真实的结果让所有人大跌眼镜。

2016 年 3 月 9 日	第一局	AlphaGo	执白胜	李世石
2016 年 3 月 10 日	第二局	AlphaGo	执黑胜	李世石
2016 年 3 月 12 日	第三局	AlphaGo	执白胜	李世石
2016 年 3 月 13 日	第四局	李世石	执白胜	AlphaGo
2016 年 3 月 15 日	第五局	AlphaGo	执白胜	李世石

最终结果，AlphaGo 4∶1 战胜李世石。

被称之为"人类最后的尊严"的围棋也被计算机打败，不得不感叹科技的强大，回过头来看看 AlphaGo 的实力，单机版 AlphaGo 的 CPU 数量从 1202 块增加到 1920 块，但是 ELO（衡量围棋对弈水平的评价方法）只增加了 28（如图 8-6 所示），如果采用云计算，数十万块 CPU 同时计算，带来的效果将更为震撼。

另一个令人感叹的是 AlphaGo 的主动学习能力，AlphaGo 有两种学习功能，第一种是学习高手的对弈棋谱，截止到比赛前，已经学习了 16 万次高手比赛，第二种是自我对弈、自我学习，就像普通人在对弈后的总结学习一样，AlphaGo 同样具备这样的主动学习能力，和 AlphaGo 对弈的次数越多，它分析对手越透彻，取胜的概率也就越大。

Rank	Name	♂♀	Flag	Elo
1	Ke Jie	♂		3634
2	Park Jungwhan	♂		3564
3	Iyama Yuta	♂		3542
4	Lee Sedol	♂		3532
5	Shi Yue	♂		3522
6	Park Yeonghun	♂		3504
7	Mi Yuting	♂		3502
8	Zhou Ruiyang	♂		3500

图 8-6　围棋 ELO 排名

物理环节，CPS 串联了所有的节点，"以内容为中心"的导向让全领域的信息流通没有任何障碍。机器学习、主动学习是一项持续性技术，经过时间、数据、技术的积累，人与机器、机器与机器、机器与产品之间的智能战略交互将更为畅通。

工业 4.0 在突破现行生产的瓶颈，它所构成的领导力将促成新一轮技术革命风暴，未来 10 年乃至更长时间内都将成为产业发展的焦点。

第 3 节　互联网＋工业 4.0 重构行业发展格局

就像曾经的工业"反哺"农业一样，工业 4.0 更像是互联网＋"反哺"传统制造业，云计算、大数据、物联网等技术手段，成为工业与互联网联系起来的纽带。

和前几次工业革命一样，"互联网＋"引领的关键技术，在各个领域产生着价值，这是一个不断积累，由量变到质变的结果，企业在改变，模式在改变，市场也会顺应潮流做出变化。

稠密市场的契机

何为稠密市场，它主要是指市场的潜力尚未被全部激发，这是一个不饱和的市场，企业进入这个市场，产品的购买力、企业的经营空间会得到进一步提升。

增加销售网点、短期调低价格、加强广告宣传等促销活动，这样的市场渗透可以扩大现有产品的销售量；也可以开拓新市场来扩大现有产品的销售量，进而实现业务的增长，这基本上属于上一代企业的运营模式，该模式营造稠密市场的机会已经越来越小，原因自然是需求的变化。

如今的消费者需要定制化的、个性化的产品，未来，这样的需求只会增加，不会减少。增加销售网点、开拓新市场这样的市场行为无法满足类似的需求，需要新的血液注入，创造新的契机。

如果需要产品的数量是个位数、十位数，3D 打印可以解决一部分供需矛盾，如果需要的产品数量是数百，或者上千，3D 打印的成本和效率将会消失殆尽，优势也将不复存在。而这个数量级别显然也会让传统制造业颇为尴尬，接纳订单需要调整生产线，但是未必能获得较好的利润。

对于工业 4.0 来说，这并非是困难的事情，CPS 框架下的流水线可以定义不同的流程、节点、传输、规划等工作，然后由机器人完成绝大多数工作，再加上一些模块化的方法，在同一产品线上同时为不同用户生产定制产品将成为简单的事情。

可以向现有市场提供多种不同类型的产品，满足不同顾客的需要，扩大产品销量，实现业务增长，这是工业 4.0 营造的新型稠密市场契机。

自驱动，企业自动化"新常态"

工业机器人已经不再是神秘的，越来越多的企业开始通过智能机器人取代人工作业。国际机器人联合会数据显示，2014 年德国每一万名制造工人配备有292 台工业机器人，我国在机器人订购方面也位列前茅（如图 8-7 所示），这些机器人广泛应用在汽车制造、金属加工、电气电子等多个工业领域。

机器人和智能制造是工业 4.0 重要的核心，对于企业来说，工业 4.0 志在减少传统的手工操作，全自动的管理和运营是未来工厂的"新常态"，这是由内而外的驱动力，未来工厂将会呈现这样的特性。

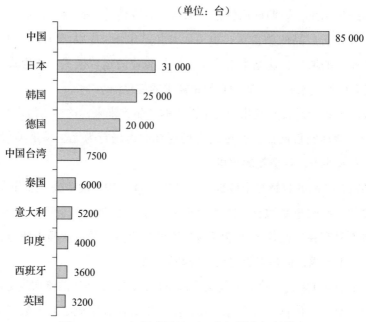

图 8-7　2016 年国家及地区工业机器人订单排名

1. 联

"联结一切"是物联网的一个重要特征，物联网中的"联"实际上是物体信息联结，而对于订单生成、流程的控制、客户忠诚度这样的数字化信息，物联网显然不能处理，未来工厂的自驱动不仅包含实体的信息联结，还需要囊括所有上下游数据。

2. 新

新就是创新，越来越多的创新产品将在工业 4.0 时代大量涌现出来，企业的生产模型和消费者的生活模式都将会被颠覆。

新的产品、新的机器人、新的管理，都将不断涌现，届时产品的生产、物流的中转都将呈现快节奏的状态。

3. 转

在我国，能达到工业 3.0 的企业有多少？

不管是统计数字，还是现实感受，我国可以达到工业 3.0 的企业在工业领域的比重依旧是非常少的，这也导致了我国工业更加倾向于较为低端的"制造"，而非"智造"。

随着人力成本的提升，我国在"制造"领域的优势不再，这可以从大量制造业迁移到越南、柬埔寨等低人力国家中窥见端倪。

在制造业和工业领域保持领先优势，不能再依靠以往简单的底层加工，而是需要贯穿整个生产、供应链条，并要读懂市场，掌握未来的发展趋势。

工业 4.0 的转型过程是痛苦的，但是转型后所产生的竞争力和收益，是工业 2.0 或者工业 3.0 时代所不能比拟的。依靠自我驱动，工业 4.0 可以在人力成本、产销销量、未来决策等方面带来质的提升，这非纸面上就可以体现的，但却为整个企业带来最核心的转化。

自驱动，将是未来企业运营的新常态。

知识工作汲取，构建学习型"神经"系统

设备开机率、设备负载率、运行效率、故障率、生产率、设备综合利用率（OEE）、产品得率等数据可以通过 PLC 反馈的结果获得，但是这些数据仅仅作为例行维护的依据，而显然没有充分利用。

如果将大数据延伸到整个生产流程，一旦流程偏离标准工艺，系统自动告警，并给出针对性的纠错措施。触发的报警行为不仅仅针对单一产品，而是针对一个工艺的全面分析和梳理，这是发现错误，解决瓶颈的关键。

当然，工艺的调整并非是一朝一夕，也不是一步到位的，需要不断地调整。如果利用大数据技术，对产品的生产过程建立虚拟模型，仿真并优化生产流程，当所有的流程和产品都可以在系统中重建时，这种透明度将有助于制造企业改进其生产流程。

未来工厂需要将汇聚的所有信息利用起来，通过云计算、大数据、物联网、虚拟现实等技术处理，让整个工厂拥有智慧、拥有大脑，这是工厂自我学习的过程，是构建智能工厂"神经"系统的关键（如图 8-8 所示），而一旦神经系统

构建成功，整个生产现场将充满智慧，离散制造的困境也将随之而解。

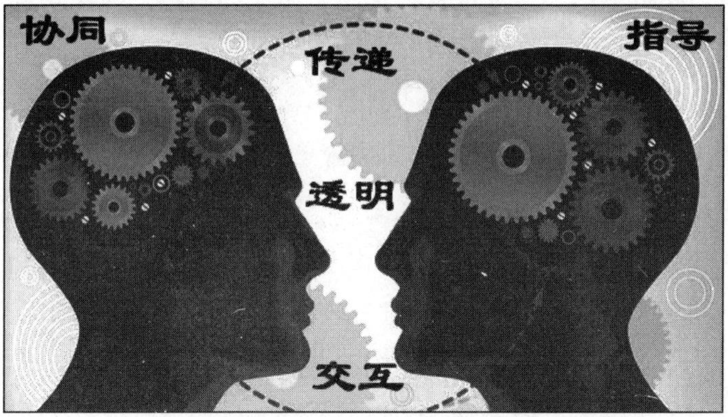

图 8-8　学习型"神经"系统

主动学习、深度学习是工业 4.0 的重要技术，它模拟人类大脑神经网络的工作原理，将输出的信号通过多层处理，并将底层特征抽象为高层类别，因此，它将拥有人类的思维模式，在处理相应事务时更有效率、更为精确。

在离散制造企业生产现场，全自动的数控加工中心和三坐标测量仪利用物联网上传的信息，经过大数据分析后，由系统自动做出排产计划，同时车、铣、刨、磨、铸、锻、铆、焊等生产设备也会具备智能化和自动化的装卸调度，可以达到无人值守的全自动化生产模式。

场景再现Ⅲ：

美国北加利福尼亚州弗里蒙特市的"超级工厂"是特斯拉汽车的产地，在这里，几乎能够完成特斯拉从原材料到成品的全部生产过程，这个过程很少人为参与，几乎全部实现自动化，包括车身冲压、焊接、铆接、胶合等工作，执行这些工作的就是"机器人"（如图 8-9 所示）。

160 台机器人执行四大制造环节：冲压生产线、车身中心、烤漆中心和组装中心，车身等大型设备的装配其实相对简单，精细化的动作，比如点焊、胶合车身板件，机器人同样可以完成，这种灵活性对小巧、有效率的作业流程十分重要。

当车辆组装完毕，完全不需要"人"将车辆驶出生产线，而是由自动引导机器人"聪明车"（self guide smart car）来完成。这些聪明车按照地面上用磁性材料的编译路线行驶，按照程序穿梭于特斯拉车间。

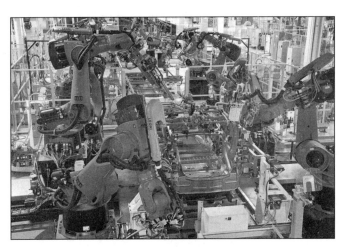

图 8-9　特斯拉无人值守车间

当然，特斯拉的人机交互更是融入了"互联网＋"，一块 17 英寸的显示屏取代了传统汽车的按键，想打开天窗，直接拉动"天窗"的图标即可，需要关上就再将图标拉下来，简单而实用。

看得出来，在不间断单元自动化生产的过程中，智能机器人将扮演重要的角色，包括生产任务的执行、货物的仓储、产品的运输都由机器人来处理，发现生产线故障也会由维修机器人进行现场维护，整个生产过程无需人工参与，真正实现"无人"智能生产。

可以说，知识的汲取，造就了神经系统；数据的流动，让智慧行为更有价值。

回避"升级陷阱"，力保质量安全

谈及工业 4.0，我们会习惯性地将"焦点"都集中在智能产品和智慧工厂，工业 4.0 在这方面的优势不言而喻，但是毫无规划地将资金投放在智慧设备的升级方面，将会有新的风险产生。

我们知道，国家层面已经将"互联网＋"、工业 4.0、云计算、大数据等前沿技术定位在国家战略，也为各项技术配备了 1 ＋ X 专项配套资金，很多企业希望获得专项资金，并将其运作到企业的实际生产经营中，但是没有数字化思维的企业，即使获得了专项资金，也只是让它们更舒服地死在"创新"道路上。

很多企业认为工业 4.0 就是生产自动化，需要增加大量的自动化设备和工业机器人，如果各种自动化设备和机器人没有统一的管理、协作、配合，那么将会陷入到"设备升级"的陷阱中。所以，我们要说的是，自动化仅仅是工业 4.0 的一个起点，并不是这次数字技术革命的根本，需要调动云计算、大数据、物联网等多项技术，将所有的数据汇聚、分析、挖掘，形成最可靠的根基，再由数据驱动智慧工厂，完成智慧工厂的原始布局。

当然，对于工业 4.0，另一个重要的议题是"绝不可以干扰对质量的关注"。我国是制造业大国，拥有全世界最完整的产品分类和质量监测，但是往往将质量检测放置到价值链的最远端，也就是说有些时候还是依靠人工监测，而非工业 4.0 框架下的全自动的设备监测。

工业 4.0 旨在打造无人工厂，质量的跟踪、监测同样需要摆脱人工干扰，工业 4.0 需要连通所有领域的数字化生态体系。从原材料的质检，到产品的质检，再到包装成型的运输过程质检，都要执行自动化的规程。

工业 4.0 让数字化技术解构一切，以数据为导向的，通过模型化、流程化和标准化让生产现场的自动化作业全部按照国际标准、行业标准、作业指导书执行，这是一个有协作体系的生态系统，让产品从起点到终点，都处于完善的统筹范围之内，这势必要开启一个新的征程。

第 4 节 "互联网＋"开启工业新征程

历史的长河里，中国贡献不菲，我国的 GDP 曾经占了全世界 GDP 的三分之一，我们的人口曾经占全世界人口的四分之一，在宋朝时我们的技术发明甚至占全世界技术发明的 70%，这是英国科学技术史专家李约瑟的统计结果。

而如今，我国的 GDP 不再具备以往高速增长的态势，很多传统企业，尤其是工业领域，在逐渐丧失竞争力，"如何持续生存"成为很多企业不得不面对的窘境。突破瓶颈，寻找工业发展的下一个焦点，这离不开"互联网＋"的有力支撑。

碰撞"互联网＋"，互联网化每一个传统节点

大批量、重复生产是传统行业的法宝，但是在未来，这样的生产行为将不再占据主动，消费者的需求出现了非常大的反差，每一个消费者都希望成为自己的"产品经理"，设计适合自己的个性化消费，构建最舒适的产品体验。

小批量、私人订制，这样的生产需求在不断迸发，柔性化、零碎化、多元化是未来制造业的主要特征。

传统企业，哪怕是行业寡头级别的企业，生产设备主要面对大批量的流水线，单独生产"一个"产品，仅仅是模具的更改就需要耗费大量的人力、物力、财力，所以传统企业不会接纳小批量订单，但是未来的趋势将会出现越来越多的小批量订单，从而迫使传统企业进行"激进式变革"。

我们已经看到，信息和工业在快速的融合，条形码、二维码、RFID、工业传感器、物联网、自动控制系统、3D 打印、SAP、MES、FMS、BI 等技术在不断进驻传统企业，传统企业的每一个节点都在互联网化，全面信息化是工业 4.0 的一个必经之路。

这将会打破原先的产业运营路线和规律，单一订单或者少量订单，可以通过 3D 打印来完成，大订单可以使用流水线进行批量生产，再经由机器人进行组装、包装、上架、运输等一系列工作，而这背后是 SAP、FMS、QMS 等系统的支撑，以及移动互联、虚拟现实等核心技术不断进步的结果。

工业 4.0 和大数据的完美契合

物联网和其他信息技术的进场，会产生大量的数据，对于任何企业，这都

是一笔不菲的财富，但是很少有企业可以挖掘到数据的价值，大数据的深刻洞见和工业 4.0 的延伸应用（如图 8-10 所示），将是最完美的契合。

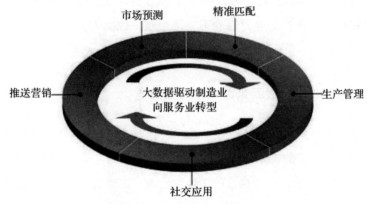

图 8-10　工业 4.0 和大数据应用

任何信息、数据的生成都保有"隐匿"的特征，不做分析，数据是不可能发出声音的，也就没有办法指导企业进行接下来的变革、优化、升级。

大数据的模型结构通常有 5 层、6 层，甚至 10 多层的隐层节点，这可以探索到极其隐匿的特征，需要大数据海量训练数据的深度学习。

然而，探索隐层节点并非大数据的全部核心，它还强调特征学习的重要性，也就是说隐层节点之间的特征交换，大数据通过将样本在不同节点之间交换、归类、分析，得出最终的预测结果，利用大数据的深度学习，能够刻画数据更丰富、更本质的内涵。

深度学习在人工智能的多个领域都获得了突破性进展：在语音识别领域，深度学习用深层模型替换声学模型中的混合高斯模型（Gaussian Mixture Model，简称 GMM），相对降低了 30% 左右的错误率；在图像识别领域，通过构造深度卷积神经网络（CNN），将 Top5 的错误率由 26% 大幅降低至 15%，又通过加大加深网络结构，进一步降低到 11%；在自然语言处理领域，深度学习基本获得了与其他方法水平相当的结果，但可以免去繁琐的特征提取步骤。

深度学习是最接近人类大脑的智能学习方法，可以按照人类思维进行工业领域的指引，这将会让工业现场更加智能。

头脑风暴，未来工业 4.0

失去想象，也就失去了对未来的创新，开启头脑风暴，揣摩一下未来的工业 4.0，看似是幻想，也许一些技术已经在我们身边，或者即将来到我们身边，再或者会在未来的几年内成为现实。

敢于想象，没什么不对。

查看一条生产线，传感器会告诉我们，当日（或者其他时间段）生产了多少产品，按照目前的状态还可以持续工作多长时间，订单状况如何，机器人辅助效率，是否有状况发生，采用的技术手段是怎样的。

如果订单太多，生产线承载的压力过大，首先需要由系统将订单分流到其他产线，然后根据大数据的监测结果，将产线状态通过 App 发送给管理人员，涉及维护将由机器人自动操作，如需要更换新配件，将自动给上游厂商发送订货通知。

配件厂家接到订货通知后，将货物通过无人驾驶飞机运抵相应工厂，再由机器人进行组装、调试，安装流程结束，并测试通过后，系统自动进行账务处理，生产线可以在满载时不间断执行生产任务。

订单完成，所有的产品都被赋予二维码和 RFID 标签，分拣流水线、输送机和传送带会根据二维码和 RFID 标签，将产品存放在指定位置，并由运输机器人将产品传递到集装箱、货车等交通工具上。

货物发送伊始就会给订单的业主发送一系列信息，包括物流公司、物流编号、产品信息等，当然还会有物流车辆的 GPS、坐标等信息，业主可以实时跟踪产品的物流状态。当然微小订单的物流仍将经过集散地，但是最终的配送将会交给无人驾驶飞机进行处理，家用机器人会将产品接收、安装，业主回家后即可进行操作。

至于零配件更换等售后服务，同样减少了人为操作，所有的流程都交给可分析的大数据，以及自动化且智能化的机器人来处理。

写在最后

在很多人看来，这样的情形更像是科幻小说，也会有人说这是"痴人说梦"，更有人认为，工业 4.0 被过度消费，种种一切看似完全不能实现。

如同莱特兄弟制造飞机一样，没有成果难以说服大多数人。但是依靠传统的工业行为，利润／效益呈现出边际递减效应，更直白地说，传统工业的赚钱能力比以前差劲了。外部环境对传统工业的压制非常明显，试图保有市场地位不被淘汰，传统工业大刀阔斧的改革势在必行。

我们已经看到大数据、云计算、移动互联风潮席卷全球，极大地改变了我们的生存状态，物联网、3D 打印、虚拟现实等技术不断催生出更多新应用服务、更多新商业模式，工业 4.0 完全可以借助于"互联网＋"的核心技术，在资本市场创造出更多的机遇及更大的利润。

第9章

拿什么保护你，互联网 + 安全

风险和安全始终是不能割舍的话题，信息领域同样如此！

互联网带来了机遇，也带来了风险，我们经常听到这样或者那样的账户被窃取事件，这其中不乏网上银行资金被盗事件。相对于资金的损失，更加严重的是企业数据的非法入侵和转移，一旦核心数据被竞争对手获取，或者在互联网上散布，企业极有可能就此分崩离析，走上不归路……

然而，这基本上属于上一代的信息风险，随着"互联网 +"的持续推进，企业 / 组织层面的不断介入，下一代风险正悄然走进我们的生产 / 生活中。相对于上一代风险，"互联网 +"催生的风险更为恐怖、更为隐蔽，破坏性也更强。

传统的安全行为已经不再奏效，接下来，我们将看到"互联网 +"时代信息安全的新走向，同时也会看到下一代信息安全在跨学科领域的灾难处理机制。

第 1 节　不回避，"+"背后的风险与威胁

我们看到了云计算带来的无以复加的计算能力，也看到了大数据火眼金睛的

挖掘手段，还看到了移动互联带来的全新交互方式，还有物联网、虚拟现实、3D 打印，以及工业领域的高智能发展，这些都给现代信息技术带来了震撼的冲击。

很多人享受着科技盛宴，但是这个盛宴背后充满的风险却鲜为人知。

云计算，顶层架构带来的全面倾覆

云计算的优势是超级的计算能力、自助按需服务，以及弹性的扩展，云数据中心内服务器、存储、网络、供电、消防、监控都是顶级配置，同时拥有异地容灾中心作保障，如此高度安全和可靠的架构，故障率自然是极小的，但是仍然不能达到 100% 的不中断运营。

云计算面对的不仅仅是某个或某几个企业，而是数以万计的不同企业 / 组织，一旦中断，其造成的损失将是恐怖的，先来看看近几年影响较为严重的云数据中心中断事件。

1. 案例一：亚马逊平安夜，不平安

2012 年 12 月 24 日，西方传统的平安夜，众多民众在等候圣诞老人的祝福，可是亚马逊的工程师却是在灾难应对中紧张地度过。亚马逊在美国东部 1 区的数据中心弹性负载均衡服务（Elastic Load Balancing Service）发生致命故障，流影音服务 Netflix 和空间服务 Hcroku 多家网站出现中断，并一直持续到了圣诞节的早晨，美国、加拿大、拉丁美洲等多地用户受到影响。

作为云计算最大的提供商，亚马逊不管在服务类型、服务种类、服务规模、服务对象等多方面来说都是非常庞大的，其所承受的压力也非常巨大，面临的风险也是最多（如图 9-1 所示）。

2011 年 4 月 22 日，亚马逊位于北弗吉尼亚州的云计算中心宕机，回答服务 Quora、新闻服务 Reddit、社交媒体管理服务 HootSuite 和位置跟踪服务 FourSquare 等多网站受到影响。

2012 年 10 月 22 日，亚马逊位于北维吉尼亚的数据中心网络服务中断，弹性魔豆服务、关系数据库服务、弹性缓存、弹性计算云 EC2，以及云搜索均受到影响，新闻服务 Reddit、图片服务 Pinterest 等多个网站也因此中断运行。

图 9-1　亚马逊云计算园区

2. 案例二：Rackspace 四次断网事件

Rackspace 是全球顶级云计算中心之一，公司总部位于美国，在英国、澳大利亚、瑞士、荷兰及中国香港等多地部署数据中心，超过 10 万台服务器，就是这样庞大的云服务体系也发生过难以想象的灾难。

2009 年对于 Rackspace 来说绝对是恐怖的一年，供电设备意外跳闸、备用发电机组失效、大量服务器停机，Rackspace 在 2009 年出现了四次中断事件，作为全球最大的云供应商之一，它的中断带来了非常大的损失，Rackspace 仅向用户赔偿的服务费就达到了 300 万美元。

3. 案例三：Salesforce 服务中断

SaaS（软件即服务）是指企业通过供应商云间的信息系统辅助业务运行，比如 CRM 系统、E-mail 系统、OA 系统，这些系统是企业业务运转的关键。系统的停滞则会对企业的正常生产运营带来不小的麻烦。

作为"软件即服务"的顶级云供应商 Salesforce.com（如图 9-2 所示），它拥有数万家企业客户，服务中断也意味着所有的客户都将失去业务的连续性，这是 SaaS 云供应商极力回避的故障。但世事万物无法预料，Salesforce.com 在 2009 年 1 月 6 日遭遇了有史以来最为严重的事故。

图 9-2　Salesforce.com 产品和服务

　　由于核心的网络设备出现故障，北美、欧洲、日本的所有数据不能正常的通信，上述区域的所有 Salesforce.com 均告停滞，同时系统无法在故障发生时自主切换到冗余系统中，只能由数据中心管理人员手动进行恢复，直到 40 分钟后，大部分服务才逐渐恢复，所有的服务恢复正常一直持续了 2.5 个小时，如此漫长的时间对于 Salesforce.com 和它的客户来说都是灾难性事件。

　　云计算将资源发布到互联网，企业／组织进行租用，这意味着应用（关键或者非关键）将迁移到云端，一旦云数据中心出现异常中断，租用者的业务也将中断，顶层架构的风险将会对全领域造成彻底颠覆。

大数据带来的大灾难

　　"洞见本质"，这是大数据的核心能力，每 MB 的数据都是连城之价，如果数据被非法泄露，或者被竞争对手获取，大数据所带来的将不是领先优势，而是灾难性事故，这样的事情即便很少，但是不代表没有发生过。

1. 案例一：韩国信用局 2700 万记录被盗事件

　　2014 年年初，韩国信用局 2700 万用户的银行和信用卡个人数据被泄露，此次事件波及 40% 的韩国人口，这也成为韩国历史上最严重的数据泄露事件之一。

经调查，案犯系韩国 Korea Credit Bureau 公司的一名 IT 合同工，由于该公司数据没有加密，该员工得以顺利地获取了韩国三大信用卡——KB 国民卡、乐天卡和 NH 农协卡等公司的用户信息，备份到 U 盘后，将其转卖给市场营销公司。

在复制过程中，没有任何的预警机制，甚至数据在市场流通之前，安全人员也没有任何数据被盗窃的感知。

2. 案例二：石油天然气公司 EnerVest 全面信息中断事件

人员变动是正常的人力行为，但是有些极端的人员并不认可。

EnerVest 某员工得知自己将被公司解雇，关闭了数据中心冷却系统，断开了关键网络连接，并将所有的服务器数据清零，EnerVest 业务瞬间中断，一时间，公司和客户都陷入恐慌情绪中。

网络通信、业务系统、基础架构全面中断，并且核心数据全部被删除，这样的行为非常致命，即便是传统的手工作业都无法顺利完成，因为无法调用订单、库存等关键信息，EnerVest 花费数十万美元用于恢复服务器历史数据，并用了数个月的时间来恢复"企业元气"。

3. 案例三：支付宝原员工兜售用户信息

国外的数据泄密、破坏事件不断发酵，国内也存在着隐私数据被非法转卖的案例。

支付宝原技术员工，利用职务之便，从 2010 年开始多次在公司后台下载了支付宝用户信息，包括公民个人的实名、手机、电子邮箱、家庭住址、消费记录等，累计内容超过 20GB，该员工将这些信息转卖给行业内的其他公司，如此海量的用户信息让其获利不菲，给支付宝造成的损失更是惨重。

该事件的发生没有任何预警机制，直到两年后的 2012 年，阿里巴巴廉政部在例行内部审计时，才发现了该员工在数据处理上的窃取行为。

有时数据的遗失非常隐蔽，数个月，或者数年的时间才能被发现，如此长的时间，整个市场的占有率、格局都会发生变化。假如数据挖掘机构通过数据分析洞察到行业的发展趋势，抢占市场先机，那么将直接打击其他企业，尤其是数据遗失的企业，这些潜在、间接的损失也并非几张财务报表就能体现的。

移动互联，快节奏、新方式的信息窃取

通信 3G 时代已经逐渐走向没落，4G 应用也逐渐呈现疲态之势，用户对语音、数据、视频和多媒体业务等分组技术的综合开放网络体系的需求越来越高，以软交换为核心的下一代通信网络（Next Generation Network，简称 NGN）逐渐走向前端。

下一代通信网络将更加注重开放性，因此没有理由拒绝任何数据，除去正常的、安全的数据外，还将充斥大量未经审计的、来源不明的、身份被假冒的，以及大量的垃圾信息，这样的事件也许你不曾遭遇，但是你绝对有所耳闻。

1. 案例一："抢红包"反被抢

在我们身边"抢红包"已经成为新的风尚，但是并非所有的红包都是安全的，注入在红包中的木马软件可以轻松窃取用户绑定的银行卡、支付宝账户。

密码泄露、异地取款等事件频见报端，还有一些基于"社会关系学"的诈骗手段也在移动互联领域不断涌现。

适逢 2015 年春节，大家疯抢红包的同时，一种新型的诈骗手段也随之而来。该红包和微信的红包非常类似，点击后也会弹出"开"红包的按钮（如图 9-3 所示），接下来会弹出极具诱惑力的文字，告知用户将钱汇入支付宝，但需要用户输入支付宝账户和密码进行领取。

当用户输入这些信息后，那么很遗憾，不仅红包未抢到，支付宝内的资金也会被对方窃取，这是"偷鸡不成蚀把米"的现实案例。

图 9-3　难以辨别的微信红包

2. 案例二：定位技术的尴尬

技术带来进步，也会带来一些尴尬。我们现在使用的智能手机，很多 App 总会询问是否开启位置服务，开启服务可以享受更多便利，比如：团购网站的推送更具有针对性，导航的路径更加准确，如果手机不幸丢失，手机的找回服务也是基于位置的传感。

定位技术让我们的生活变得更加方便，但是每天生成的信息早就暴露在智能手机的监控之下了，当然这些信息也存留在服务端的数据库中。棱镜门事件告诉我们，信息正在被监控、被窃听、被分析，如果对方感兴趣，通过 App 的定位就可以知晓某个人的生活方式、消费习惯，这并非危言耸听。

物联网，最直接的风险攻击

物联网，一个超级感知系统，通过全球定位系统、RFID 射频识别、条形码、磁条、传感器等技术进行感触、识别，经由蓝牙、Wi-Fi、蜂窝网络等通信网络将信息传导至计算层面，再由云计算、数据挖掘技术对传感器发送的信息进行处理，最终实现物物信息的交互。

物联网可以更好地了解物体的应用状态，为寻找最合适的应用提供最佳解决方案，然而物理网并非绝对完美，大量的传感器接入到平台中，也成为不法分子监听实物信息的工具。如果企业的大量设备依托于物联网，一旦泄露且被非法用户利用，企业很多核心的、商业的资料也将被同步窃取，这不仅仅是某个环节的数据丢失，而是损失一个完整的事务。

1. 案例一：特斯拉的物联网漏洞

2014 年 7 月，360 安全团队对特斯拉 Model S 电动汽车进行研究（如图 9-4 所示），发现汽车软件存在设计缺陷和漏洞。利用这些设计的不足，可以入侵到汽车的控制系统，实现开锁、鸣笛、闪灯等软件控制动作，甚至可以在汽车行进的过程中远程开启天窗。

如果物联网的安全问题不能得到妥善解决，不法分子试图窃取汽车，任何工具都不用携带，只需要监听到汽车电子遥控所发出的信号；如果未来黑客试图制造交通事故，也许通过互联网和物联网，简单的操作一下鼠标、键盘就可以办到。

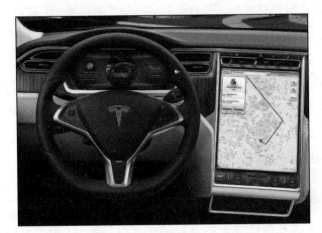

图 9-4　拥有物联网特性的特斯拉 Model S 电动汽车

2. 案例二：个人隐私还在吗？

"先生，您牙龈出血超过 3 天，这里有 ××× 特效药，是否需要订购？"

"先生，我是 ×× 诊所王医生，数据显示您口腔炎持续时间较长，建议您去我们诊所就诊，GPS 地址已经发送到您的手机。"

刚刚放下手机，消息的提示又响起，这次是医院的 App，询问是否需要进行挂号……

口腔炎症，智能牙刷知道了！腹泻，智能马桶知道了！发烧，智能床垫知道了！然后将信息分发给其他关联组织，这真的是非常方便处理疾病的科技手段，但是这样真的合适吗？所有的信息都不停地传递到各个机构，即便是敏感信息，也在传递，个人隐私荡然无存。

而这仅仅是个人隐私，家庭的隐私在物联网的世界是否安全呢？智能门锁的价格已经非常廉价，中高端小区已经采用智能门锁，通过手机即可打开房门，这非常方便，但同样伴随着风险，高科技的不法分子甚至不用任何工具，就能轻而易举地打开房门。

物联网的发展，方便了生产和生活，也将整个企业和个人物联网形象构建出来，这个形象包含许多我们知道或不知道、关心或不关心的数据，这个形象需要谁来管理，怎样保障这个数据关口不被突破，这是物联网安全需要解决的。

虚拟现实

沉浸式的虚拟现实改变了人们看世界的方法，以往无法体验的事情在虚拟现实的世界里实现，比如太空遨游、极限跳伞、高空走钢丝，虚拟现实让人们可以尝试更多的内容，但是任何技术都不可能完美，它的背后也隐藏着一些风险。

1. 案例一：不舒适的生理反应

虚拟现实眼镜距离人眼非常近，观看场景中的远物和近物需要通过眼睛的汇聚和发散来调节，这如同数码相机中的焦距调整。虚拟现实的内容变化很快，大脑在处理图像信息时，需要不停地调整汇聚和发散，如此一来，眼睛会非常疲劳。

由于沉浸式虚拟现实过于逼真（如图 9-5 所示），大脑发射神经元在处理时需要和眼睛频繁交互，疲劳的同时，还会给体验者心理上的压力，严重时还会让人产生呕吐感，或者感到头痛。

图 9-5　沉浸式虚拟现实还原逼真效果

佩戴较长时间的虚拟现实眼镜，还会让使用者在身体机能方面有着较大的压力，迫使人们在一段时间内进行一下视神经的调节，这是虚拟现实不能回避的话题，但并非不能解决。

2. 案例二：伦理方面的考验

虚拟现实主要依靠内容服务，内容包含很多种类，比如旅游类、游戏类、探险类等，当然也会存在一些成人题材的内容服务，过于沉浸的虚拟现实设备会让人模糊虚拟与现实之间的边界，对身心造成一定的影响，如果内容不慎流转给未成年人，将对未成年人造成更恶劣的影响。

如果混入恐怖、暴力的内容，还可能诱发生理疾病（如心脏疾病等）或者犯罪，这对虚拟现实内容服务的监管提出了更高的要求，还需再辅以大数据的高强度识别，才能彻底杜绝不良内容的非法传播。

3D 打印

3D 打印可以呈现的物品远远超乎我们的想象，可以在下面这个案例中一窥端倪。

3D 打印枪械团体"分布式防御"（Defense Distributed）组织负责人，将名为"Liberator"手枪的 3D 打印文件上传至 Defcab.org 网站，所有人均可以下载。

Liberator 原型机包括 16 个零部件（如图 9-6 所示），均采用 ABS 塑料材质，唯一一处没有使用塑料材质的零部件是手枪撞针，但撞针在五金店就能买到，组装这个 3D 仅需要一分钟时间，并且成功进行了试射。

实验证明，3D 打印的手枪拥有较强的杀伤性，但是安检异样严格的城市是否可以自由携带？两名英国记者进行了实验，他们通过一台 3D Systems 公司的 CubeX 3D 打印机，将手枪所需材料打印出来。

两名记者将 3D 打印手枪零件藏在衣服中，将金属撞针和子弹放在手表托盘中，成

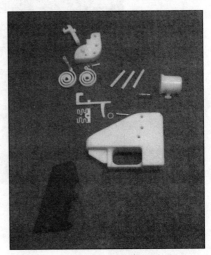

图 9-6　3D 打印的枪支零件

功躲过了金属探测和安检扫描。登上列车后，两名记者在短短30秒内便将手枪进行了组装，一个可以发射子弹的手枪被"制造"出来。

这个事件发生在英国伦敦的圣潘克勒斯国际火车站，时间是周末高峰时段，地点是欧洲之星列车，安检人数、强度、规模是毋庸置疑的。但就是这样高强度的安检，依旧让记者携带零散的配件进入火车，如果是犯罪分子，后果不堪想象。

以现在的检测手段来看，实在是太有难度了，这次实验为全世界的安检服务带来了严峻的考验，同时也敲响了警钟。对于塑料制品，尤其是可以组装的成型的塑料制品，将如何防范，如何处理。

工业网络安全

工业领域，每天都会生成大量的数据，这是工业高速发展最为宝贵的财富，但是一旦处理不当，也会产生大数据泄露的风险。云计算、移动互联、物联网、机器人、纳米技术、自动技术都会运用到工业领域，自然也会面临这样的风险，工业领域的任何装置都会成为黑客利用的工具，从而对企业造成难以估量的损失。

石油或者是食用油企业都会利用储油罐来存储液体油，通过雷达液位、温度传感来监控罐体的相关指标，再通过气动阀、PLC来控制输油，这是物联网、自动技术在油企中很常见的应用，但是就是这样的应用曾经造成过巨大的损失。

土耳其的一个石油管道通过网络监控摄像头监视管道、罐体的使用情况，并通过网络进行统一管理。黑客利用摄像头的漏洞进入网络，通过植入恶意软件获得管道阀门站的控制权，并通过物联网对所有的阀门进行压力控制，巨大的压力炸毁了输油管线。

黑客自始至终未出现在现场，但造成的损失却无法估量。

第2节　触目惊心，"＋"风险触发的多方效益

任何信息技术都存在风险，风险降临，自然会造成难以估量的损失。实际的案例可以让我们看到不同风险带来的危害，但是真正让我们触目惊心的是数

据带给我们的震撼，以及对我们的安全意识带来的冲击。

数据在"说话"

数据是没有生命的，但是一旦数据开始"发声"才真正让我们知道损失是多么沉重。

1. 信息泄露的灾难

Verizon 在《2015 数据泄露调查报告》（*Data Breach Investigations Report*）指出，过去一年，受到信息安全威胁的组织覆盖 95 个国家，涉及 79 790 个安全事件（Security Incident），超过 2000 个顶尖企业确认数据泄露，且 70% ~ 90% 的恶意样本都是有针对性的。

报告指出，如果泄露 1000 条记录时，有 95% 的可能会损失 5.2 万 ~ 8.7 万美元，泄露 1000 万条数据的损失将在 210 万 ~ 520 万美元，但最多可能到 7390 万美元。

2. 病毒感染的危害

回顾 2015 年，腾讯安全对上一年度的安全行为做出统计，2015 年病毒总体数量继续呈现上涨趋势，发现的电脑病毒数为 1.45 亿个，较 2014 年增加了 5%，较 2013 年增加了 41%。2015 年病毒感染机器量达 48.26 亿个，流氓软件感染量达 3.70 亿个，盗号木马感染量达 0.80 亿个。

缘何病毒如此猖獗，原因就在于病毒产业链条越来越完善，金钱获取越来越暴利。

病毒生成→代理商批发病毒程序→购方传播病毒，盗窃账户信息→第三方平台洗装备、销赃→老款病毒受到杀毒软件查杀，市场需要新的病毒→新病毒生成……（如图 9-7 所示），隐形的产业链条让病毒从生成到终结，再到更新等各个环节都理顺得非常清晰。据悉，仅木马"产业"每年造成的经济损失就突破了 300 亿元人民币，传统病毒贡献 140 亿元人民币，智能设备病毒损失超过 53 亿元人民币。

病毒不会区分传统领域和新兴技术，云计算、大数据、移动互联、物联网同样面临病毒、黑客的攻击，而且病毒对新技术的影响要远超传统领域，它所威胁的是整个"互联网 +"，数以百万计的损失也可能在数秒内遗失殆尽，需要"互联网 +"提供更加高强度的信息安全防护策略。

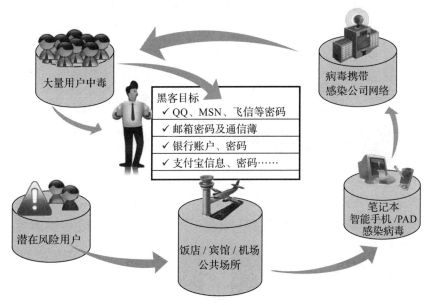

图 9-7 黑客攻击模式

3. 成本效益损失

信息系统中断会造成业务和办公的停滞，进而会造成企业或者组织的全面中断运营，信息主导的灾难影响面将是非常大的，对整个企业造成的损失也将是非常可观的。

权威机构波耐蒙研究所，针对美国 67 家 2500 平方英尺以上的数据中心，进行直接宕机、间接宕机以及机会成本的综合分析，调查覆盖了通信中断、系统破坏、关键数据丢失、社会效益、民众和股东信心等多个方面。数据显示，美国数据中心每分钟的宕机平均损失超过 7900 美元，相比于 2010 年的 5600 美元，增加了 41% 以上。

调查统计所涉及的数据中心覆盖多个行业，如果数据中心完全依赖于网站和 IT 服务，那么每分钟的宕机成本将更高，比如电子商务、门户网站、交通运输、政府公共领域。然而宕机并非是数据中心的全部损失，比之更为恐怖的是平均恢复成本。数据中心完全宕机的平均恢复时间为 119 分钟，恢复平均成本约为 901 500 美元（如图 9-8 所示），部分宕机平均恢复时间为 56 分钟，平均恢复成本约为 350 400 美元。

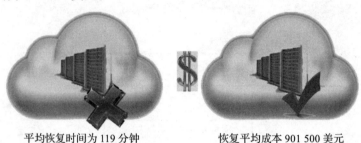

平均恢复时间为 119 分钟　　　　　　恢复平均成本 901 500 美元

图 9-8　高额成本效益损失

如果对数据、信息系统的依赖程度较小，当发生致命风险时，企业或者组织不会受到太大的困扰，而如果大量的业务依托于互联网、云计算、数据挖掘，那么即便是短暂的停滞也会造成大量成本损失，数据风险的评定让管理人员更密切地关注风险等级，并权衡企业所能承受的最大损失，并以此做出针对性的解决方案。

不管是军工、证券、政府、科研，还是企业、事业单位，只要是应用信息系统都会受到潜在风险的约束，有些机构可以承受分钟级的系统中断，有些机构可以承受小时级的中断，而有些机构甚至于秒级的中断都难以忍受。

在数据管理方面，有些企业要求数据的存储时间超过数十年或者上百年，而有些企业则只是要求存储 1 ~ 5 年的数据即可，并且对存储的速度要求不高。面对不同的行业、不同的数据中心环境需要根据实际情况做出最为贴合的风险评定。

通过安全管控，将风险造成的损失压缩到最低，将会有效保护企业 / 组织，以及社会资本。

事件在"发酵"

有些事件是灾难性的，普通人会关注事件带来多少伤亡，损失多少财产，随着一段时间的发酵，会意识到很多"实体"已经不再存在，也不会恢复，还会意识到安全是多么重要。

1. 恐怖行为击毁大量数据中心

2001 年 9 月 11 日，美国世贸中心双子大厦轰然倒塌，灾难发生前，世贸大厦中的企业约有 350 家，事故发生一年后，依然能够重返世贸大厦的企业只有 150 家，其他的企业因为信息系统被破坏、关键数据丢失，永远消失在历史的记忆中了。

据 IDC 的统计数字表明，美国在 2000 年以前的 10 年间发生过灾难的公司中，有 55% 当时倒闭。剩下的 45% 中，因为缺少良好的灾难恢复系统，无法恢复关键数据，致使其中 29% 的企业也在两年之内倒闭，生存下来的仅仅只有 16%。

2. 从"斯诺登事件"看安全意识

说起安全意识，我们不妨回顾一下"斯诺登事件"。

美国国家安全局（NSA）的承包商前雇员爱德华·约瑟夫·斯诺登爆料，该机构有一个代号为"棱镜"的秘密项目，可以直接接入微软、雅虎、Google、Facebook、苹果、Skype 和 Youtube 等九大互联网公司的中心服务器，随时查看用户的电子邮件、在线聊天、信用卡等信息（如图 9-9 所示）。

消息一经爆出，全球哗然。但事实上，斯诺登并没有采用复杂的技术方法来掩盖其从 NSA 网络中窃取机密信息的痕迹，斯诺登利用"国家安全局设施系统管理员"的身份，绕过了原有的安全策略，对关键系统和数据进行查看、复制，他所利用的就是系统在权限管理方面的不足，用最简单的办法获取了最核心的数据。

我们不涉及政治、社会的话题，仅仅从技术的角度进行分析。由此可见，即便是受过专业培训的安全人员、核心管理人员也会受到外界因素的干扰，斯诺登恰恰是利用员工的信任，以及社会关系学获取密码及进一步的信息，因此安全意识首先需要提升关键用户的认知。

一条条数据、一系列事件让我们真正了解到风险引发的灾难，面对风险，回避不是解决方案，针对的防御才是解决问题之道。

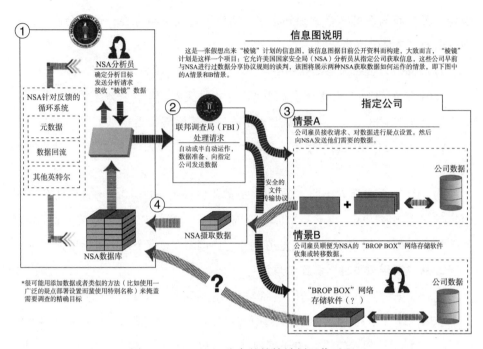

图 9-9　Mashable 公布的棱镜计划运作过程

第 3 节　关键防护，缔造可靠的安全框架

风险必须防范，这毋庸置疑，在关键领域封堵风险，在整体管控加强防范，在多种领域制定不同策略，并建立可靠的危机处置，才能缔造全领域的安全框架。

顶层安全策略构建

大数据体量达到 PB 级别并非难事，传统数据中心处理如此庞大的数据是异常吃力的，所以大数据的处理通常会交给云计算。物联网也是如此，随着携带传感器的实体不断增多，物联网上传到管理中心的数据也呈现指数级增长势头，数以亿级的设备转化的数据资源，同样会让传统数据中心倍感吃力。

虚拟现实的内容服务和移动互联的交互信息同样需要云计算的支撑，很多服务都在向云端迁移，云计算的安全失控将会影响一系列的产业、行业，所以，顶层安全策略的构建将是"互联网＋"的重点工作。

1. 基础环境的安全

基础设备的瘫痪将直接影响云数据中心的关键性服务，因此，基础设备的安全建设非常重要。云数据中心基础环境安全包括很多方面，比如内部环境安全、冷却系统安全、电力系统安全，每个环节建设不足，短期内看不到严重危害，但是在数据中心长效运行中会出现潜在的威胁，这需要管理人员在建设初期就要予以考虑，并在日常运维中持续改善。

内部环境需要保持在 23±2℃ 的范围内；相对湿度则为 50%RH±5%RH；最大温度变化速度不超过 5℃/h；洁净度保持在粒度 ≥0.5 毫米，个数 ≤10 000 粒/dm；单位面积的冷负荷为：257W/m²·h；单位时间换气数 ≥22 次/h。

安装 UPS 是最基础的电力支撑，云数据中心还需要安装 SBP 设备（综合配电模块），如 UPS 损坏导致无法提供电力支持时，可以迅速地切换到市电，保证电力供应不中断，同时部署冗余 UPS 设备及双市电、柴油发电机设备，增强电力系统的稳定性及连续性。

当然，云数据中心还要应对自然环境，在选址方面下工夫，避免建立在洪水、海啸、雷暴等地质灾害多发地段，同时还需要对未来发生概率较低，但有可能发生的自然灾害做出安全评估。如果要避免高等级地震，则需要安装防震地台、防爆墙及缓冲区等物流设施。

2. 软件定义数据中心

相对于传统数据中心的安全，云数据中心的安全更加苛刻。我们会看到三大关键资源——服务器、网络、存储的高度虚拟化和池化，它们可以随意地切碎以及聚合，并可以进行预配置和预扩展。数据中心传统的定义行为很难满足抽象的理念，接下来，应用层面不能满足需求，管理层面也会难以控制，安全层面自然不会得心应手，这是一个传导性的技术障碍。

重塑云内安全，在云数据中心有了新的定义——软件定义数据中心（SDDC）。

进入成熟阶段的虚拟化可以将计算、存储、网络池化，资源将不再受制于服务器、网络、存储等底层硬件，这需要一个自动的、灵活的、高效的、统一的，且通过策略驱动的智能软件管理平台，并以平台为中心扩散到数据中心所有领域，包括三大关键资源、相关可用性，以及最为重要的安全保护。软件定义数据中心会通过软件定义网络、软件定义存储、软件定义服务、软件定义安全等多方面实现数据中心安全、灵活、弹性、高效和可靠 IT 服务的云计算环境。

软件定义数据中心体系结构能满足全面自动化的零停机基础架构，适用于任何应用和任何硬件，它解决了云数据中心安全管理的维度，包括整个云体系和云架构。

区域边界的维度，传统数据中心边界、跨地域的多地数据中心之间的边界，以及跨云平台环境完整性、监控和健康的安全考量；技术维度，BYOD 的快速发展催生了数据中心安全的新挑战；接入层面由 PC 转向移动终端，将会带来大数据的冲击。同时所要遵循国际通行的云标准，符合合规的云安全政策，并且要满足监管和审计要求，这都是云安全需要全面掌握的常规信息。

3. 云容灾数据中心

单一物理服务器宕机影响的只是其承载的虚拟服务，而整个数据中心中断则意味着所有的云用户都将失去所有业务系统的支撑。

单一数据中心的建模，从信息整体安全角度上说尚不完善，需要在异地建立多个数据中心，实现远程数据实时备份，应用系统 / 软件无缝切换，远程集群系统的实时监控和自动切换，从而实现数据零丢失（如图 9-10 所示）。

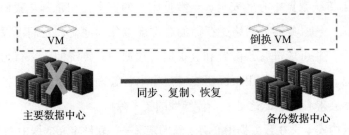

图 9-10　实时数据传输及完整设备支持

云数据中心希望可用性可以接近或者达到 100%，因此数据零丢失和远程集群非常必要，云数据中心可以设计成多地多中心的云容灾方案。

在城市 A 建立主数据中心和同城容灾中心，城市 B、C 建立异地容灾中心，城市 A 采用同步模式，数据零丢失，数据同步通过光纤链路，并和其他城市通过网络同步数据。当主数据中心出现异常时，可以迅速切换到同城容灾中心，一旦主数据中心和同城容灾中心同时出现致命故障，异地容灾中心快速接管所有的信息服务，保证系统连续性（如图 9-11 所示），这样的数据中心已经达到了数据零丢失和远程集群支持。

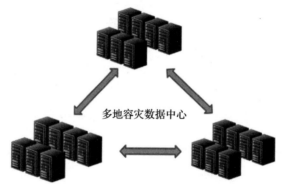

图 9-11　多地多中心的云容灾方案

云容灾中心会涉及主机层、应用层和存储层等多个环节，它们在任何一个数据中心都会存有备份，多地的数据中心在功能、角色上没有主次之分，功能可任意切换。对于私有云来说，还可以和公有云共用，发生危险行为时可以将服务和应用转移到公有云平台（如图 9-12 所示）。

当容灾平台搭建完毕后需要经过严格的 DR（灾难恢复）测试，只有通过测试才能检验平台的容灾和恢复能力是否满足需求。DR 测试会引起业务系统的中断、大规模的数据迁移，或者其他一些不可预知的因素，这正是判断平台是否健壮，自动化程度是否完善，预警机制是否满足需求的重要手段。

数据安全保障

云计算带来了多租户、弹性负载、虚拟架构的优势管理模式，大数据则衍生出更为复杂的管理，庞大的数据量考验着计算能力，还考验着安全领域。数据的泄露本身就会造成风险，一旦不法分子利用大数据获取到关键走势，那对于数据遗失者来说更为恐怖。

图 9-12　私有云数据中心和公有云数据中心有效整合

　　不断增加的信息和资源，对数据安全提出了新的挑战，数据的顶级安全保障是每一个云数据中心必须做到的。

1. 安全转移通道

　　数据传输过程有着被窃取的潜在风险，通过加密通道来保证数据的安全转移是云数据中心通常提供的基本手段，采用的协议为安全传输层协议。

　　安全传输层协议（TLS）由 TLS 记录协议（TLS Record）和 TLS 握手协议（TLS Handshake）组成，TLS 握手协议安全参数产生 IV 和 MAC 密钥将 TLS 记录协议中的关键内容予以加密传输，保证了云用户和云供应商之间的数据保密性和完整性（如图 9-13 所示）。

2. 加密存储

　　数据的敏感性要求必须执行加密策略，这包括用户与云供应商之间的网络数据传输，也包括数据在存储介质中的加密存储。云数据中心通常会采用对称加密算法和非对称加密算法，通过密钥的使用保护用户数据在传输过程和存储过程中的安全。

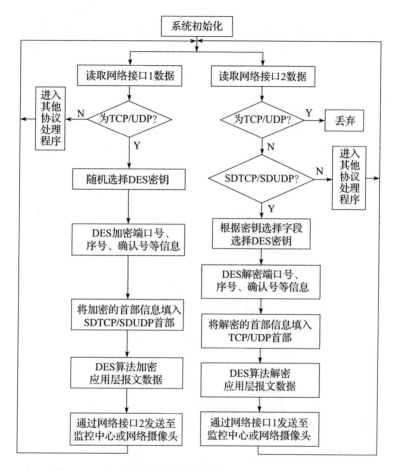

图 9-13 基于网络摄像头的传输层安全技术算法流程图

对于数据存储,云数据中心还会根据数据的重要性、优先级、敏感度等方面定义不同的安全策略,存储和备份的方式、介质、时间也会有所差异,这是从成本和性能的角度上考虑,唯一不变的是所有的技术都是以安全为主线。

3. 动态密码技术

传统的、一成不变的静态密码技术安全性很低,一旦密码被他人非法获取,可以在任何时间、地点登录系统,获取资源。

动态密码技术则是根据专属算法,由系统自动生成毫无规律的数字的组合,再通过手机短信、硬件令牌、手机令牌等方式反馈给用户，用户通过该动态密码登录使用账户。动态密码技术产生的密码为数较多，只能在规定时间内使用，且要求每个密码只能使用一次，因此不会出现密码被窃取的状况，极大地保证了用户账户的安全。

随着动态密码技术的发展，"动码云"技术（如图 9-14 所示）也逐渐进入云应用市场，通过和移动端的紧密融合，在支付、交易平台上提供了高标准的服务。

图 9-14　通过手机、UKey 实现"动码云"技术

4. UKey 统一身份认证

用户的账户、密码泄露，非法使用人员可以通过网络进入相应的系统，由于网络环境的复杂，很难在第一时间追溯到恶意入侵分子，或者由于多级代理的缘由而无从查找，UKey 作为成熟的准入认证在云平台中有着广泛的应用。

UKey 统一身份认证系统中的 SecureFile 组件利用内置芯片进行加密运算，可以实现用户登录的统一身份验证，即便知晓用户名及密码，也需要 UKey 硬件的接入。通过 UKey 还可以实现机密文件的加密、解密，以及加密状态文件编辑等功能，保证数据在使用和传输过程中的安全。

5. 数据隔离安全

Multi-Tenancy 多租户架构是云计算必须具备的，也是云用户较为担心的，对于数据隔离的安全措施，云数据中心会采用 SharedSchemaMulti-Tenancy（共享表架构）、Separated Database（分离数据库架构）以及 Shared Database Separated Schema（分离表架构）。

这三种架构有着不同的应用环境，云服务用户数量越多较适用共享表架构，对数据隔离性和安全性要求较高则适合分离数据库架构，而如果缺少大量信息成本的投入，则可以采用分离表架构。对于超大型云数据中心则会采用复合型的 Multi-Tenancy 架构，平衡系统成本，保证综合性能，这是很多超大型云系统普遍采用的模式。

6. 云审计安全

审计可以很好地获知云数据中心的潜在威胁，并向云用户标明数据中心内的运行状态。但是引入的云审计毕竟是第三方认证机构，因此也会涉及审计机构带来的风险。

云需要审计，更需要安全的审计，对于关键系统、关键数据需要责任人员的陪同与跟踪，同时需要和审计机构订立协议。云供应商提供有效数据，保证审计的准确性，审计机构则需要保证可持续发展认证过程中不损害云供应商和云用户的利益，不泄露任何敏感信息。

数据是企业赖以生存和发展的根基，也是云数据中心需要重点关注的对象，通过不同方面的安全措施加强数据的管理和安全建设，是云计算持续运行的必备保障。

针对性安全

云计算可以在顶层架构、数据安全、容灾中心等方面提供近乎苛刻的安全保障，尽管很难做出 100% 的连续运行保障，但相对于本地数据中心来说，云计算要更加可靠。但是云计算无法解决所有的潜在风险，尤其是在"互联网 +"的大背景下，信息技术需要其他更具针对性的辅助安全防范。

1. 脱敏处理

正如第1节介绍的那样，我们感冒、腹泻等生理疾病，有时候并不希望智能的物联网设备知晓，这就需要将我们的数据进行脱敏处理，也就是将敏感数据剔除掉。

哪些信息可以上传和交互，是需要本人授权的，当我们可以自定义交互数据时，敏感信息就完成了第一层的脱敏处理。随着未来智能设备的学习能力不断提升，智能设备可以判断信息是否符合本人的交互意愿，我们无意中试图上传敏感信息，系统也会进行提示。

2. 内容的监管

虚拟现实拥有的内容在不断增加，移动互联每天生成的内容更为庞大，这些非结构化数据需要有监管机构对内容进行过滤。我们看到很多App已经拥有"举报"的功能，审查人可以对举报内容进行核对、屏蔽，但是这样的行为毕竟是被动的，往往也是之后的。

未来对于内容的监管，需要增强大数据的识别监管，包括对音视频特征码的识别，对音视频内容的识别，尽量净化不良内容。

当然，引入第三方监管机构也是非常有必要的。3D打印的图纸可以生成任何物体，手枪、弹夹等非法违禁品都可以打印，如果打印出的成品是难以监管的，则引入第三方监管机构，在源头进行监管，防止违规图纸进入民用领域，这会在安全方面做出一些贡献。

3. 增强现实取代虚拟现实

虚拟现实技术在很多方面都提供了难以想象的视觉突破，也解决了很多其他技术难以处理的棘手问题，很多场景已经离不开虚拟现实技术，但是长时间观看虚拟现实，会造成视觉疲劳，严重者会造成晕眩、呕吐等生理反应。

虽然很多场景已经离不开虚拟现实技术，但是虚拟现实技术还存在某些不足，那么有没有其他技术来替代虚拟现实呢？

事实上是可以的，也是安全的，那就是增强现实和混合现实，第6章已经介绍了这两项技术，随着科技的发展，更加真实的场景将塑造在我们眼前，没有晕眩感，没有呕吐感，更不会对视力造成影响，增强现实和混合现实将会逐渐替代虚拟现实。

全面安全意识提升

安全的攻击有些时候是技术方面的渗透，还有些伪装攻击、重放攻击、数据截取等高深的黑客行为，对于隐匿较深的高等级攻击或者利用社会工程学发动的隐匿攻击，普通用户基本上不会有任何察觉，甚至还会成为黑客的帮凶（如拒绝服务攻击）。

但是我们需要重申，不管是何种攻击行为，技术上都是通过寻找系统漏洞、弱点来入侵用户终端的；人际关系层面则都是利用人的好奇心和信任来套取绝密资料，这需要在安全素养方面进行重新塑造。

1. 安全意识的提升

为了避免这些无意识的被动攻击，技术方面需要数据中心的管理人员对信息安全做出严格的管控，对于不同的关键用户建立差异化的培训和监管机制，逐渐树立和提升用户安全行为，不管从何途径获取的资料，都要辨明其身份，避免病毒入侵。而对于"人"的询问，不管是公司内部的同事，还是有任何往来的合作者，只要涉及安全的话题都要谨慎对待，防止资料外泄。

2. 法律法规及道德规范的培训

一方面，每一企业做出的信息培训都是围绕着自身的需求来进行的，这多少会有局限性；另一方面，很多企业的高层领导、办事处人员、经常出差的技术人员，他们接触的人和事情会很复杂，企业的信息培训不可能包罗万象，因此除了基本的技术和管理的培训外，我们还需要进行相关法律、法规和道德规范的培训。

这些培训会囊括通过网络散布虚假信息、利用电子邮件进行敲诈、黑客手段遍历系统漏洞非法访问等技术类的防范措施，也会涉及 ACM（Association for Computing Machinery，美国计算机协会）、计算机道德、国际信息系统安全认证联盟道德的多项规范，通过这些相关法律、政策的学习可以保证员工正确地使用电脑，预防灾难事件发生。

必须承认对"人"的管理始终是个难题，为了避免安全事件的发生，必须要对责任人做完善的安全培训，满足相关要求后签署安全保证协议，如果真的有触及安全的事情发生，又有证据证明责任人所做的行为有直接责任时，需要有相应的惩处制度，触及法律需移交给公安机关进行更深层处理。通过这样的手段提升数据接触人员的安全理念，可以减少很多安全事故的发生，避免核心数据的遗失，为云数据中心的长效发展提供了信息保证。

安全机制（危机处置）与应急方案

云计算、大数据可以依靠数据备份和灾难恢复（DR）来保证信息的更高完整性，而虚拟现实、3D 打印可以依靠多种监管机制来保障。"互联网＋"的安全管理强度在不断增加，但是依然无法全面回避风险，那么在危机发生时，就需要触发安全机制和紧急应急方案。

优秀的管理团队不单单表现在事件处理方面，对于危机事件的响应和解决同样需要提供解决方案，通常来说，需要配备紧急响应团队、危机管理团队和事件响应团队。

❑ 事件响应团队：各种各样的状况，归结到底，都是由大大小小的事件组成，事件的优先级和重要等级不同，所影响的用户、波及的范围也不尽相同，事件响应团队需要根据事件的时间、范围、重要性、优先性来确定事件的起止时间，并需要确定完善的应对政策。

❑ 紧急响应团队（ERT）：大规模临时性、突发性、紧急性事件往往不能预测，一旦危机事件发生，需要有一个专属团队进行紧急处置，这就是紧急响应团队，他们拥有更高的权限和全面的掌控能力，以及在任何时间、任何地点的全面调度的权限和能力。

❑ 危机管理团队：不仅包括事件发生后的对内、对外的危机管理，还要在日常运营中寻找潜在的危机，并根据危机的紧要程度制定不同的对策。

不同团队的构成应对不同事件和危机的处理，这对于正确、快速地解决故障，梳理流程带来很大的便利。

不管是顶层架构，还是数据管理，抑或是安全意识，都是常规安全保障行为，同时也是被动的安全管控。事实上，信息领域的很多事件都是无法预知的，这样无法预知的行为伴随着潜在的风险，如果可以在事件未发生之前就将风险止于萌芽，那么"互联网 +"的整体安全强度将会提升，接下来，我们将介绍一下"互联网 +"框架下的主动威胁情报系统。

第 4 节 互联网 + 威胁情报下一代安全领域的驱动力

"互联网 +"为政府、企业、组织、社会力量所带来的优势、效率、利润，远远超过风险所带来的损失，这也是"互联网 +"高速发展的源动力。

但即便是利润 / 风险比重悬殊，人们依然希望能尽可能地回避风险。最大力量地回避潜在风险，需要主动洞见威胁，这就需要威胁情报的支持。

认识威胁情报

软件层面和硬件层面的缺陷是一方面原因，随着系统的完善，硬件安全的增强，这将不是安全事件发生的主因，信息和数据的泄露更重要的原因是基于"人"的情报流失。

传统的，基于样本分析的信息安全手段已经很难抵御这些新型的攻击方式，通过"人"的渗透，会更加隐蔽，窃取速度更快，且更难以发掘。

几乎 70% 的数据泄露都是在一个或者数个小时之内发生，但是真正察觉并解决问题，往往需要数个月的时间，支付宝的数据泄密居然持续两年未被发掘，可见这种行为在时间上的恐怖延续。

数据和情报的获取不再是通过技术手段，而是通过社会关系学向目标组织渗透，这包括目标组织的架构、人员部署、产业链、业务体系、防御手段、IT 人员，这是一个纵向的、高持续性的攻击行为，也就是我们常说的 APT（Advanced Persistent Threat，高级持续性威胁），传统的安全软件已经无法应对这种威胁，没有任何系统来准确把握基于人的心态和走势，因此威胁情报的建立，将是下一代安全领域的驱动力。

2013 年 Gartner 就给威胁情报做出了定义："威胁情报是基于证据的知识，包括场景、机制、指标、含义和可操作的建议。这些知识是关于现存的，或者是即将出现的针对资产的威胁或危险的，可为主体响应相关威胁或危险提供决策信息。"

持续性培训

敏感数据的接触来自企业关键部门人员，一旦关键人员受到外部原因诱惑，通过非法复制，让信息和数据长期而慢速的传递，或者让企业信息和业务大规模中断，这对于企业有着莫大的威胁。

情报威胁还是需要在行政手段上降低部分威胁，也就是需要持续性的培训，包括制度、法规上的培训行为，第 3 节已经介绍了培训的模式，这里不再赘述。

建立"触碰"机制

数据在有限范围内的访问是允许的，但是非法复制和传播是绝对不允许的，如何预防需要建立核心数据的"触碰"机制。

关键数据限制访问次数，一旦超过正常访问次数，立刻触发报警，由安全人员采取下一步措施。对于业务系统和服务器的敏感数据，不仅需要记录访问次数，还要记录用户访问时间、频率、访问地点等信息，同样是需要预警机制，关键指标一旦有任何触碰的行为，即反馈给安全中心。

利用大数据的精准分析和定位

企业 / 组织获得的信息太多，包括那些不用的信息，如何清除这些噪声而获取真正的价值呢？

大数据给出答案：通过汲取、分析和自动化地挖掘数据，并和云端关联分析，可以对受害目标和攻击源头进行精准定位，率先洞悉风险和威胁，并将威胁情报快速递交给用户，对攻击行为进行前期预报和溯源。

360 公司主防库覆盖中国 5 亿 PC 客户端，总日志数达到 50 000 亿，互联网存活网址库每天有 300 亿条查询量，每天处理 100 多亿条……，通过海量数据挖掘，360 天眼发现了多起 APT 事件（如图 9-15 所示），将大量的威胁行为止于萌芽。

图 9-15　大数据的精准分析和定位

善用机器学习

所有的攻击行为都存在变数，预防是必要的，但是绝对难以解决所有威胁，因此对于威胁情报需要机器学习来完善防御体系。

对原始数据，需要聚类，然后开始训练数据，进行有监督学习，并适时进行干预，最终形成机器领域的规则和分类器，在威胁发生时进行比对、预防、告警，实现智能的保护，智慧的应答，智谋的思维。

杀毒软件仍然在防御领域尽职尽责，并且伴随云计算、大数据的崛起，病毒样本的分析要更加快速，被动的病毒治理行为越来越完善。"互联网＋"情报威胁机制开始主动介入风险，并基于此开始部署全领域的安全防范，主动干预信息和数据在公共网络上传播，从而抑制不当利益的非法窃取。

第 5 节　立体审计，挖掘问题根源

安全架构建设的重要性不言而喻，与之平行的另一重要环节则是监管和审计，有效地审计可以发现隐藏的问题，并得以改正。

审计是依据国家法规、审计准则和会计理论，对被审计单位的财政、财务收支、经营管理活动及其相关资料的真实性、正确性、合规性、合法性进行审查和监督，评估企业财务状况，评价经济责任，鉴证经济业务。

审计源于财务系统，但随着 IT 信息系统在财务领域的辅助能力越来越强，数据的重要性上升到新的高度，IT 审计逐渐成为"互联网＋"运营的强力支撑，有效避免了风险催生连带作用，因此审计也成为保证"互联网＋"稳定运营的基础保障。

审计目标、内容、模型

我国对信息安全的重视程度很高，信息系统安全等级保护制度规定，凡是安全等级在二级及以上的信息系统必须施行安全审计机制，同时对安全事件的记录、分析、存储等环节做出了详细规定。在审计环节《国家审计数据中心系统规划——计算机审计实务公告第 24 号》文件已做出明确规定，通过"互联网＋"审计需要实现下列目标：

❑ 评估供应商的内部控制有效性和安全性，并呈报给云客户。

❑ 评估供应商和客户之间的接口是否存在内部控制缺陷。

❑ 评估客户的质量、信誉是否会威胁供应商内部控制。

审计拥有广泛的覆盖范围（如图 9-16 所示），它所需要审计的内容也非常丰富，主要包括如下几个方面：

❑ 事件管理策略

❑ 业务连续性规程

❑ 灾难恢复流程、保障

❑ 共用场地和备份设施的审查

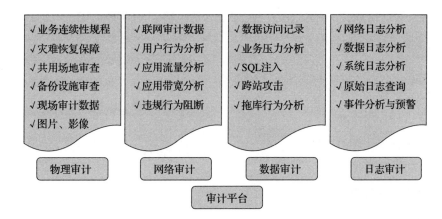

图 9-16　审计平台内容

❑ 现场审计数据

❑ 联网审计数据

❑ 历史数据

❑ AO 和 AO 系统导入的数据

❑ 法规政策文件

❑ 图片、影像

❑ 用户对账户信息的访问

❑ 登录系统的方式

❑ 失败的访问尝试

❑ 用户行为分析

❑ 应用流量与应用带宽分析

❑ 数据库访问与压力分析

❑ 对系统日志的访问

❑ 事件分析与预警

❑ 原始日志查询与分析

在审计平台中会有大量的数据和报告，不同客户需要获取的方面不一样，需要的报告也不相同，审计人员处理的审计模型也会有所差异，在云审计中常使用如下审计模型：

- ❏ 审计对象模型
- ❏ 审计数据模型
- ❏ 审计数据分析模型
- ❏ 审计程序模型
- ❏ 审计工作底稿模型
- ❏ 审计证据模型
- ❏ 审计报告模型
- ❏ 审计疑点模型
- ❏ 审计处理模型
- ❏ 审计管理模型

"互联网＋"审计的内容覆盖多个方面，灵活地运用各类审计模型可以迅速发现各项技术隐藏在深处的问题，并通过平台的支持实现审计的自动化、智能化，对社会、企业和客户承担应有的责任。

"互联网＋"审计的优势

数据从企业数据中心迁移到云中，物理控制、逻辑控制、人员控制都会发生改变，正如云计算的忧心者质疑的那样，数据被未知的超级权限所访问、数据被隔离的风险、恢复的风险、司法管理的风险都似乎隐匿在云供应商内，大数据、物理网等技术同样会有这样的担忧。

不透明成为"互联网＋"的安全困惑，审计则将出发点和目标定位在透明管理，通过审计让用户全面了解云供应商。

- ❏ 透明管理：具有审计资质的权威人员，以第三方独立审计的视角，对"互联网＋"框架下的技术应用进行全面审计，避免了自行审计带来的不合规现象。
- ❏ 降本增效：数据由分散采集转变成集中存储，审计人员可以通过平台随时调用各种数据和资料，降低重复劳动带来的成本效应，也提高了审计效率。

❑ 数据跟踪：通过审计全面监控数据存储状态，跟踪用户数据的使用情况、数据存储的轨迹，并将生成的审计报告递交给用户，用户可以清楚地了解数据的存储位置、读取情况，避免多租户或者高等级权限的异常访问，还可以通过数据动向，找出潜在数据冲突风险。

❑ 质量保证：传统信息审计由不同审计人员单独完成，并向审计管理者呈报工作进度，属于被动管理，"互联网＋"审计则更倾向于主动，管理者可以实时监管所有的审计人员及报告，同时审计人员也可以相互监督，提高审计质量。另一个质量保证是，可用性被实时监控，可用性异常时可以第一时间发送安全警告，可以清晰地了解到平台为数据长期可用做出的技术保障，减少宕机损失，降低可用性风险。

❑ 安全追溯：系统日志会记录所有的操作、维护记录，这为司法调查提供了依据，当出现危害国家、社会、客户的行为时，都可以通过审计取证调查（如图 9-17 所示），提高了违规事件的事后审查能力。

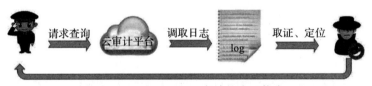

图 9-17 "互联网＋"审计的取证能力

不管是数据层面存储的安全性、租户的有效隔离、基础设施开展的、贴近应用层面云平台本身的效率，还是云供应商的服务质量都是审计所需要关注的。当所有的审计报告生成后如何交付给用户也是审计需要考虑的，"互联网＋"审计通常会采用第三方平台，建立一个可以容纳审计所需资料的系统平台，以便归集审计数据和管理数据，实现资源共享。

通过审计，可以为用户带来良好的可视化，为"互联网＋"管理和应用带来很多的可控性。

GRC 因素

治理（Governance）、风险管理（Risk Management）、合规审查（Compliance）

有着很强的关联性和交叉性，常被看做一个综合的整体来全面衡量，称之为GRC，意在统一表述治理、风险及合规管理。

GRC 标准套件的平稳运行需要满足四个因素：

❏ 信托合同：供应商接收用户的委托，为用户提供空间、资源、服务等相应事务，并收取对应的报酬，同时规范供应商和用户的行为，保证双方合法权益的正常展开。

❏ 审计：接受权威审计部门的全面审计，向相关客户呈报审计报告，并将审计中的漏洞在规定时间内改善与解决。

❏ 共识评估倡议：用户和审计师对供应商在信息控制领域风险管理的具体期望，希望供应商在某些安全、操作、运营角度做出应有的行为。

❏ 控制矩阵：罗列出供应商在信息控制领域必须达到的某些要求，这些要求是云供应商在任何条件下都必须完全承诺并实施。通过这些因素可以保证 GRC 标准套件的正常展开，明确了双方的责、权、利关系，避免了不必要的技术和管理的纠纷。

写在最后

风险，人们永远不会忘记，"互联网＋"的应用者会吸取经验和改善环境，反对者则会放大和宣传事故产生的影响，不仅是信息技术，任何事务都会存在正反的对立面。

作为职业 IT 经理人，关注的焦点并不仅仅是狭隘范围内的几个风险，而是要在更高的角度上审视全局。采取更好的安全预警和处理措施应对灾难和风险，并引入情报威胁系统，提前洞悉漏洞，抑制风险。

还需要在"互联网＋"的框架之下，建立适合云计算、大数据、物联网等技术的全面审计方案，在多个维度改善"互联网＋"的安全运营行为，使云用户更加透彻、更加全面地了解"互联网＋"供应商，让应用更加放心。

"互联网＋"安全在众多技术和管理的有效支撑下快速完善着自身架构，"神盾"的框架已经准备成熟，时刻保护关键领域的信息安全。